맞춤 전도

지은이 | 이재훈
초판 발행 | 2024. 7. 25
등록번호 | 제1988-000080호
등록된 곳 | 서울특별시 용산구 서빙고로65길 38 두란노빌딩
발행처 | 사단법인 두란노서원
영업부 | 2078-3333   FAX | 080-749-3705
출판부 | 2078-3331

책 값은 뒤표지에 있습니다.
ISBN 978-89-531-4887-1   03230

독자의 의견을 기다립니다.
tpress@duranno.com   www.duranno.com

두란노서원은 바울 사도가 3차 전도여행 때 에베소에서 성령 받은 제자들을 따로 세워 하나님의 말씀으로 양육하
던 장소입니다. 사도행전 19장 8-20절의 정신에 따라 첫째 목회자를 돕는 사역과 평신도를 훈련시키는 사역, 둘째
세계선교(TIM)와 문서선교(단행본잡지) 사역, 셋째 예수문화 및 경배와 찬양 사역, 그리고 가정·상담 사역 등을
감당하고 있습니다. 1980년 12월 22일에 창립된 두란노서원은 주님 오실 때까지 이 사역들을 계속할 것입니다.

여러 사람에게 여러 모양으로

맞춤전도

두란노

목차

크리스천에게 늘 떠나지 않는 부담이 전도이다. 목회자든 평신도든 예외가 없다. 우리는 복음을 전하는 일이 얼마나 중요한지 잘 알고 있다. 그러나 막상 전도를 실천하려고 하면 어디서부터 어떻게 해야 할지 판단이 잘 서지 않는다. 개인적으로 전도를 열심히 하여 많은 열매를 맺고 있는 분들의 간증을 들으면 도전이 되기도 한다. 그런데 한편으로 전도는 저렇게 은사를 가진 사람이 맡아서 하는 것이라는 생각에 전도에 관한 생각과 계획을 접고 싶은 유혹에 빠지기도 한다.

내가 전도사로서 사역할 때 가장 부담되었던 것은 직책에 '전도'가 들어가 있는 것이었다. 전도사라고 하니 마치 '전도'의 '도사'가 되어야 할 것만 같았다. 그러나 정작 전도에 그다지 열심을 내고 있지 않은 내 모습을 보면서 자책감이 들 때가 많았다. 목사 안수를 받을 때, 목회자로서의 부르심에 대한 감격과 책임감을 느끼면서 한편으로는 직책에 '전도' 타이틀이 사라지게 되자 마음 한편에 자리하고 있던 전도에 대한 부담감을 내려놓고 싶기도 했다. 그런데 하나님이 그런 내 마음을 아셨는지 '전도목사'로서 안수를 받게 하셨다. 당시 내가 신학 수업을 받은 신학교가 인준한 교단이 아닌 온누리교회에서 사역하고 있었기 때문이다. 결국 하나님은 전도에 대한 부담을 느끼고 있던 내 직책을 '전도'사에서 '전도'목사로만 바꾸셨다.

온누리교회에서 부목사로 사역하면서 특별히 맞춤전도를 창안하고 실행하게 된 배경에는 두 가지가 있다. 첫째는 새가족 사역을 담당할 때의 경험이다. 1996-2000년은 온누리교회가 수적으로 급격하게 늘어나던 시기였다. 하용조 목사님이 말씀과 성령의 통로가 되면서 새가족이 급증했는데, 그중에는 온누리교회를 통해 예수님을 처음 믿은 성도들도 있었지만 타 교회를 출석하다가 옮겨 온 성도들도 있었다. 새가족 사역을 담당하는 사역자들이 모든 새가족을 일대일로 면담하면서 자세한 사항을 파악하고 있었기에 이러한 내용을 잘 알 수 있었다.

어느 주일 새가족 1주차 강의를 마치고 내려오는데 문득 이런 생각이 들었다. '만일 타 교회에서 온 성도가 훨씬 더 큰 비율을 차지하는 교회가 되면 온누리교회가 사도행전적 교회의 비전을 이룰 수 있을 것인가?' 새가족 사역 담당 목사로서 많은 새가족을 맡아 돌보는 것이 부담과 일로 느껴지면서 죄책감이 밀려왔다. 나는 그길로 하용조 목사님을 만나 새가족 사역을 내려놓고 교회에 전혀 나오지 않았던 불신자들만 전도하는 사역을 맡겠다고 자청하였다. 하용조 목사님은 내 마음을 기쁘게 받아 주시고 '전도사역본부'를 신설하도록 허락해 주셨다.

당시 온누리교회는 부활절, 성탄절 전도집회 등 전도 사역은 실행하고 있었지만, 이를 전담하는 본부 차원의 조직은 없었다. 전도사역본부를 신설하고 전도집회 기획과 사후 양육 등을 진행하면서 효과적인 전도집회를 위해서는 패러다임의 전환이 꼭 필요하겠다는 생각이 강하게 들었다. 이러한 때에 맞춤전도의 두 번째 배경이 되는 계기를 경험했다. 어느 증권회사의 컴퓨터 기술 최고직에 있는 성도님 회사로 심방을 가게 되었는데, 그분이 《세계 최고 기업들의 CRM 전략》이라는 책을 선물해 주었다. 나는 목회자가 읽을 책은 아니라고 생각해 책장에 그냥 꽂아 두고 몇 개월을 보냈다.

어느 날 책장에서 다른 책을 찾던 중 그 책을 발견하고는 내용을 훑어보게 되었다. 그런데 첫 장을 읽는 순간 '불'이 임하는 체험을 하였다. 성령님이 임하시는 불이라기보다는 일종의 거룩한 질투심이 불일 듯 일어난 것이다. 기업들은 이익을 추구하기 위해 이렇게 소비자와 관계를 형성하고 효과적으로 마케팅하기 위해 노력하는데 교회는 효과적인 복음 전도를 위해 어떤 노력을 기울이고 있는가를 돌아보게 되었다. 책의 내용에서 강조하는 '관계 형성'과 '회복' 등의 내용은 교회에서 먼저 강조해야 할 단어들인데 기업들에게 빼앗겨 버린 느낌이었다. 교회는 관계 형성의 노력 없이 일방적으로 복음을 전하면서 사회적으로 고립되어 가고 있는데, 기업들은 훨씬 더 참신하고 매력적인 방법으로 사람들을 매료시키고 있었다.

그 후로 나는 CRM 전문회사에 다니는 크리스천으로부터 개인적으로 CRM 전략을 배우는 과외공부 시간을 마련했고, 이를 전도 사역에 접목하여 이론적인 틀을 구성했다. 어느 날 새벽기도를 마치고 하용조 목사님과 함께 교회 구내를 돌아보면서 전도집회의 패러다임을 CRM 전략에 따라 변화시킬 것을 제안드렸다. 시대적·목회적 상황에 따라 대상을 세분화하고 본당을 레스토랑으로 변화시켜 소수만 초청하자는 단순한 아이디어 수준이었다. 하용조 목사님은 너무나 기쁜 마음으로 시행해 보라며 적극적으로 지지하고 격려해 주셨다.

당시 한국은 IMF 외환위기로 많은 40대 남성이 실직의 아픔을 경험하고 있었고 자살률 또한 최고 수준을 기록하고 있었다. 그런 와중에 교회 내 불신 남편 대부분이 40대라는 것에 착안하여 40대 남성만을 초청하는 전도집회를 열었다. 당시 대부분 전도집회는 연령 제한 없이 초청하는 것이 상식이었기에 일각에서는 40대 남성만을 대상으로 하자는 의견을 이해하지 못했다. 연령 제한을 없애야 한다는 의견이 많았지만, 하용조 목사님의 전폭적인 지지와 격려가 있었기에 이 아이디어를 실행에 옮길 수 있었다.

내 개인의 능력만으로는 모든 아이디어를 실행하기 어려웠기에 당시 기획사에서 일하고 있던 신실한 성도들의 도움을 얻어야만 했다. 이때 서두원 대표님(당시 대홍기획 재직)과 문애란 대표님(당시 웰콤 대표)의 창의적인 커뮤니케이션 아이디어들은 맞춤전도를 구체화하는 데 큰 도움이 되었다. 이렇게 시작한 40대 남성만을 위한 집회는 2001년 12월 '비상구(EXIT)'라는 제목으로 열렸다. 일단 본당 의자를 다 치우고 원형 테이블을 세팅해 대형 레스토랑 느낌이 나게 꾸몄다. 하용조 목사님이 직접 나서서 의자를 날라 주셨고, 많은 목회자와 성도가 힘을 합해 준비했다. 그렇게 열린 집회를 통해 3일간 많은 40대 남성의 공감을 얻어 낼 수 있었다. 이후 2002년에는 60대·50대·30대 남성 집회를, 2003년에는 44-55세, 55-66세, 33-44세 여성 집회를 차례로 개최하였다. 이러한 집회를 1년에 세 번, 3일씩 진행하면서 30대 초반 목회자였던 나는 탈진을 경험했다. 그리고 이때의 탈진은 새로운 방향 전환이라는 기회를 가져다주었다.

그 후 나는 하용조 목사님의 권유로 미국 트리니티신학교로 유학을 가게 되었다. 당시 트리니티신학교의 그레고리 웨이브라이트(Gregory Waybright) 총장님이 한국을 방문한 적이 있는데, 그때 하용조 목사님의 추천으로 맞춤전도 사역에 관한 내용을 발표하는 자리가 마련되었다. 그때 맞춤전도에 대한 발표를 들은 그레고리 총장님이 내게 기회가 되면 트리니티신학교에 와서 공부하고 논문으로 정리하면 좋겠다고 제안해 주셨다. 사역에 전념하던 기간이었기에 아무런 준비가 되지 않은 상황이었지만, 그레고리 총장님의 적극적인 추천과 지원이 있었기에 유학 생활을 시작할 수 있었다.

트리니티신학교에서 전도를 더 깊이 연구하려고 했지만 당시 신학석사(Th.M.) 과정에는 전도학 과목이 거의 개설되어 있지 않았다. 그래서 부득이 선교학 과목들을 집중적으로 수강하게 되었는데 도리어 선교학에서 맞춤전도의 신학적 근거가 될 수 있는 내용을 많이 접하게 되었다. 선교 현장에서 나타나는 선교적 상황화 신학 등이 맞춤전도의 신학적·선교적 근거가 될 수 있음을 발견하였다. 이후 온누리교회 맞춤전도 사역은 여성민 목사님이 이어받아 초기 맞춤전도 사역 철학을 더 발전시키면서 많은 집회를 기획하고 실행하였다.

하용조 목사님은 투병 중에서도 일본 열도에서 러브소나타라는 국제 맞춤전도집회를 실행하였다. 러브소나타는 한국 교회가 일본 교회와 함께 안 믿는 일본인을 대상으로 복음을 전한다는 콘셉트로 출발했다. 역사적 상처를 뛰어넘어 일본인들에게 맞춤화된 전도집회를 실행하여 2024년 현재까지 34번째 집회로 이어져 오고 있으며, 매회 기적의 열매를 맺고 있다.

2001년 첫 집회 이후 지속되어 온 온누리교회 맞춤전도 사역을 통하여 많은 불신자가 예수님을 영접하고 구원 얻는 기쁨을 누리게 되었다. 초기 맞춤전도집회에서 결신한 분 중에는 후에 선교사로 헌신하여 선교지에서 기쁘게 사역을 감당하는 분들도 있고, 교회 내 직분자로서 열심히 섬기는 분들도 있다. 교회가 불신자들을 향한 열정을 포기하지 않고 복음 전도에 순종할 때 하나님이 기뻐하고 축복하시는 은혜를 많이 경험했다.

이 책은 하용조 목사님의 구령의 열정의 열매이다. 전달자 중심으로 이루어져 온 기존의 전도 사역의 틀을 대상자 중심으로 바꾸려 시도했을 때 하용조 목사님이 이를 적극적으로 격려·지원해 주시지 않았다면 맞춤 전도 사역은 탄생하지 못했을 것이다. 하용조 목사님은 창의적인 아이디어의 싹을 발견하기만 하면 물을 주고 자라게 하는 탁월한 리더였으며, 목회 지도력이 어떠해야 하는지를 보여 주신 훌륭한 모델이었다.

이 책이 기록되기까지 23년이라는 세월이 소요되었다. 그동안 함께해 준 동역자들에게 감사를 전한다. 온누리교회 성도들이 기쁜 마음으로 영혼을 구원하는 전도 사역에 순종해 주었고, 모든 목회자와 사역자가 같은 마음으로 비전을 바라보며 헌신해 주었기 때문에 가능한 사역이었다.

이 책을 통해 한국 교회가 맞춤전도 사역 원리를 적용하여 온누리교회가 누렸던 전도의 축복을 함께 누리게 되기를 바란다.

2024년 7월
이재훈

Part 1. 맞춤전도란 무엇인가

chapter 1.
위기에 빠진 복음 전도 ─ 왜 전도는
불편한 단어가 되었는가

복음 전도의 위기는 외부의 환경과 시대적 상황에서 오는 것 같지만 그렇지 않다. 교회가 외부적 상황에 맞춰 지속적이고 효과적으로 전도 활동을 할 수 있도록 창의적인 방법을 계발하지 않기 때문이다. 이번 장에서는 한국 교회가 시대적 상황 변화에 대응하지 못함으로써 마주한 위기들을 진단하여 새로운 전도 패러다임의 필요성을 드러내고자 한다.

유럽과 북미 대륙에서 가속화되고 있는 '탈기독교화 (Dechristianization)' 현상은 한국 사회에서도 동일하게 일어나고 있다. 물론 '크리스텐덤 (Christendom)'이라고 불리던 일부 유럽과 북미 대륙만큼 기독교가 한국 문화에 지배적인 영향력을 끼친 것은 아니다. 하지만 한국의 근현대 역사의 변화에서 기독교가 중요한 역할을 한 것은 주지의 사실이다. 그런데 한국 교회가 성장을 멈추고 쇠퇴하면서 사회적 영향력을 상실하고 있다. 가장 큰 문제는 한국 기독교에 대한 사회적 신뢰도가 추락하고 있다는 것이다.

2022년 '국민일보'와 '사귐과섬김'의 공동 설문 조사에 따르면 한국 교회의 사회적 신뢰도는 18.1퍼센트로 코로나 팬데믹 이전보다 더욱 하락했다. 종교별 호감도에서 천주교나 불교의 1/3 수준이다. 한국 사회 구성원들의 인식에서 기독교는 배타적이고 물질적, 위선적인 이미지로 평가되는 반면, 천주교는 도덕적이고 헌신적인 이미지로 평가되며, 불교는 포용적이고 상생하는 종교로 평가되었다.[1] 이 같은 설문조사 결과는 충격적이다. 기독교에 대하여 의도적으로 부정적 평가를 하는 안티 세력의 영향력을 감안하더라도 한국 교회가 사회 윤리적 측면에서 심각한 위기에 처해 있음이 분명하다. 이웃에까지 피해를 주는 교회 성도들의 다툼과 목회자들의 부정과 스캔들 그리고 정통 기독교의 탈을 쓰고 활동하는 이단 사이비 등의 성장이 신뢰 하락에 영향을 미친 것으로 보인다.

또한 기독교인들의 전도 활동에 대한 참여도 현저히 떨어지고 있다. '한국 교회 미래를 준비하는 모임'과 '한국 기독교 목회자 협의회'가 공동 조사한 결과에 의하면 1998년 28.5퍼센트였던 전도 참여율이 2017년에는 13.9퍼센트로 떨어졌다. 기독교인들의 전도 활동에 대한 비기독교도들의 긍정적인 반응은 1998년 14.5퍼센트에서 2017년에는 28.6퍼센트로 증가하였고, 부정적인 반응은 1998년에는 84.3퍼센트에 달하던 상태에서 2012년에는 91.5퍼센트까지 늘었다가 2017년에는 71.4퍼센트로 줄어들었다.[2] 부정적인 반응이 예전보다 줄어든 것은 비기독교인들이 전도 활동에 대한 피로도를 느끼는 것에 대하여 교회가 자체적인 반성을 통해 거부감을 줄일 수 있는 방법을 모색했기 때문으로 보인다. 그러나 한국 교회의 전도 활동 참여 자체가 전체적으로 저조해진 것도 일부 영향을 주었다고 보아야 한다.

2023년 발표한 《한국 기독교 분석 리포트》에 따르면 비개신교인 응답자 중 지난 1년간 전도를 받은 경험이 있는 사람은 22.7퍼센트로 5명 중 1명 정도였다. 그런데 조사가 거듭될수록 전도 받은 경험이 적어지는 추세를 보이며 2017년도 대비 13.4퍼센트로 크게 감소한 것으로 나타났다. 연령대로는 '40대'가 타 연령대에 비해 전도 받은 경험이 가장 적은 것으로 나타났다. 코로나 팬데믹의 영향도 있을 것으로 보이나 전반적인 전도 사역의 위축을 반영하는 것으로 보인다. 전도를 받은 비개신교인 10명 중 7명은 거부감을 느끼는 것으로 나타났으며 이는 2017년과 비교하여 비슷한 양상을 보인다.[3]

분명 교회는 천국 백성으로서의 도덕성을 회복하고 사회적 책임을 다하며 사회적 약자를 섬기는 데 앞장서야 한다. 앞서 인용한 조사에서도 78.9퍼센트의 사람들이 기독교가 종교의 역할로서 사회적 정의를 세우고, 사회적 약자를 돕는 데 앞장서야 한다고 응답하였다. 그러나 이러한 조사 결과를 들어서 '그러니 전도 활동은 비개신교인의 기독교를 향한 신뢰가 회복될 때까지 멈추거나 소극적이어야 한다'고 결론 내리는 것은 합당하지 않다. 지금은 전도할 때가 아니라 회개할 때이며, 사회적 정의와 약자 돌봄에만 집중해야 한다는 지적도 옳은 대답이 아니다. 회개는 회개대로, 사회 봉사는 사회 봉사대로 해야 하며, 전도는 전도대로 진행해야 한다. 도리어 더 선명하고 효과적인 전도 전략이 필요한 때이다.

지금까지 교회가 존재한 이유는 선한 일에 힘써서 사회적 신뢰를 쌓아왔기 때문이 아니다. 역사적으로 교회는 사회적으로 신뢰를 잃어버릴 만한 수많은 과오와 범죄를 저질렀다. 십자군 전쟁, 종교전쟁은 물론이고 교리적 차이만으로도 끔찍한 형벌에 처했던 교회의 어두운 역사도 존재한다. 교회가 선한 일을 했기 때문에 역사 속에 존재할 수 있는 것이라면 교회는 벌써 사라져야 했을 것이다. 교회가 불의한 모습에도 지금까지 존속한 것은 윤리적으로 탁월한 공동체였기 때문이 아니라 하나님 나라의 복음을 맡은 유일한 공동체이기 때문이다. 하나님은 윤리적으로 부족하고 연약한 이들을 구속하시고 그리스도의 제자로 부르시고 그들에게 복음을 맡기셨다. 그들에게는 여전히 윤리적인 연약함이 있음에도 불구하고 그들을 통하여 일하기로 작정하셨다.

교회가 선한 일로 부르심을 받았음을 부정하는 것이 아니다. 교회는 선한 일을 통한 사회 참여에 힘써야 한다. 그러나 복음 전도 없는 사회적 참여를 통해서만 교회의 존재 의미를 찾을 수는 없다. 교회로 부름받은 성도들의 삶의 윤리적 수준에 따라 전도와 사회 변혁에 미치는 영향이 달라질 수는 있다. 하지만 일부 교회나 성도들의 부정적인 영향력이 온 세상 교회에 맡겨진 복음 전도의 소명을 무너뜨릴 수는 없다. 이럴 때일수록 교회는 윤리적 각성과 함께 더욱 효과적인 복음 전도를 시행하기 위한 혁신을 강구해야 한다. 교회와 성도의 윤리적 타락은 참된 복음을 체험하지 못한 결과일 수 있으므로 교회 공동체 안에서부터 참된 복음을 선포하고 교육해야 한다. 참된 복음 전도는 성도들이 복음적인 삶을 살도록 이끌며, 복음 그 자체의 능력이 세상을 변화시키기 때문이다.

아울러 구체적인 전도 활동도 전략적으로 이루어져야 한다. 선한 삶이 전도에 영향을 미치는 것은 분명하지만 구체적인 복음 제시 없이 인격적

회심을 통한 구원의 역사는 불가능하다. 한국 교회는 시대적 흐름을 이해하고 비기독교인들의 부정적 반응을 최소화하면서 사회적 공감대를 얻을 수 있는 복음 전도의 방법을 찾기 위해 혁신적인 노력을 기울여야 한다. 이러한 맥락에서 한국 교회가 가지는 전도의 위기는 네 가지 측면으로 요약할 수 있다.

다원주의 사상이 불러온 위기

우리가 살고 있는 시대적 조류는 포스트모더니즘으로 규정되며, 중요한 사상적 특징은 다원주의이다. 포스트모더니즘은 모더니즘의 핵심 역할을 하였던 이성마저 불완전한 것으로 여기며 객관적으로 권위 있는 진리를 부정함으로써 다원주의를 유일한 진리로 내세운다. 한국 사회도 21세기에 들어서면서 급속도로 다원주의의 영향력 아래 편입되어 움직이고 있다. 이러한 다원주의는 교회가 직면한 장애물이지만, 한편으로는 전도의 기회이기도 하다.

표면적으로 이 포스트모던 다원주의는 복음 전도의 위기를 가져온다. 이 사상의 중요한 원리는 '가치(value)'와 '사실(fact)'을 엄격하게 구별하는 것이다. 과학적 검증을 통과한 것만이 사실 곧 공적인 진리로 받아들여질 수 있으며 나머지는 종교별로 다를 수 있는 교리(doctrine) 혹은 도그마(dogma)로 여겨진다. 이 포스트모던 다원주의 사회에서 교리나 도그마는 개인적인 신념으로 선전할 자유는 있으나 그것을 사실로 단언하는 것은 교만과 무례함으로 여겨진다. 도그마에 대하여 의문을 제기하는 것이 곧 지적인 능력을 표현하는 척도가 될 뿐이다. 가치는 전적으로 개인적인 신념에 따른 선택의 영역이기 때문이다. 이처럼 다원주의 사회에서는 교회와 성경의 교리가 사실이 아니라 가치의 영역에 속한다. 이런 사회에서는 복음을 전하는 일도 당연히 가치의 세계에 속하게 되고, 그리스도인이 믿음을 확신 있게 선언하는 것은 자신들의 가치를 다른 사람에게 강요하는 것처럼 평가된다.

다원주의는 "모든 사람이 절대적으로 받아들여야 하는 진리는 존재하지 않는다"는 명제를 절대적으로 숭배한다. 이 명제는 "절대적인 진리는 존재하지 않는다"는 명제만이 절대적이라고 주장하는 기만적인 자기 모순을 가지고 있음에도 불구하고 대중들은 그 이면의 모순을 간파하지 못하고 있다. 다원주의 사상의 영향력 아래 살아가고 있는 사람들은 예수 그리스도의 유일성을 주장하는 기독교인을 독선적인 종교집단처럼 여긴다. 타 종교인에게 '복음 전도'라는 단어는 무례하다 평가하며 '대화'라는 단어만 사용할 것을 요구한다. 상대의 종교를 바꾸려 하지 않으면서 단지 대화를 통해 서로의 종교적 체험을 나눔으로써 서로를 풍요롭게 하는 것이 진리에 합당한 생각이라고 주장한다.[4] 불신자들 중에는 과거 한국 교회가 보여 왔던 일방적인 선포 전도의 모습[5]을 강압적이고 무례한 전도라고 여기는 이들이 있다. 그들은 포용을 절대 진리로 표방하는 다원주의 신학과 문화에 더 호감을 가진다. 레슬리 뉴비긴(Lesslie Newbigin)은 다원주의 사회의 사상적 흐름을 두려워하거나 피하지 않고 도리어 적극적으로 복음 전도의 기회로 만드는 태도가 필요하다고 역설한다.

오늘날과 같은 다원주의 사회에서, 궁극적인 신념에 대한 담대한 진술, 하나님과 세상을 향한 그분의 목적이 무엇인지를 안다는 주장은 자칫하면 참으로 무식하고, 교만하고, 독단적인 것으로 치부된다. 하지만 우리는 그러한 비난을 두려워할 필요가 없다. 그런 비난 자체도 철저히 비판받아야 할 어떤 가정에 기초하고 있기 때문이고, 다만 그것이 현재의 지배적인 타당성 구조(Plausibility Structure)[6] 의 일부라는 이유로 그런 비판을 모면하고 있을 뿐이기 때문이다.[7]

뉴비긴은 다원주의의 사상적 영향력 때문에 주어지는 비판이나 비난을 두려워할 필요가 없다고 말한다. 또 그러한 비판에 휘둘려서 복음을 이 시대의 지배적인 타당성 구조 안에 편입시켜 왜곡해서는 안 된다고 주장한다. 뉴비긴은 이 시대의 '타당성 구조'가 올바른 진리가 아니라는 것을 정확하게 드러내면서 십자가와 부활의 복음이야말로 모두가 신뢰할 수 있는 새로운 타당성 구조를 만들어 낸다고 강조한다. 따라서 복음을 전하는 것이 효과적인 복음 전도라고 단언하고 있다. 복음에 나타난 예수 그리스도의 유일성을 증거하는 것은 이 시대의 타당성 구조로 보면 교회 안에 갇혀 있는 교리로만 여겨지기에 아무 관심을 가질 필요가 없는 것처럼 보일 수 있다.[8] 그러나 이러한 시대적 흐름에 위축되지 않고 다원주의의 모순을 드러내며 복음이 가장 합당한 타당성 구조임을 드러낸다면 더 선명하게 예수님의 유일성을 전할 수 있다는 것이다.

선교학자 데이비드 보쉬(David Bosch) 도 이러한 사회에서 교회는 다원주의를 수용하지 않으면서도 예수 그리스도의 유일성과 하나님 나라를 증거하는 일이 가능함을 확신해야 한다고 말한다. 아울러 교회가 유기체적 공동체성을 회복하고 복음 전도가 직면한 여러 가지 경계들을 뛰어넘어 예수 그리스도의 유일한 복음을 증거하기 위해 헌신해야 함을 강조한다.[9] 복음은 초대교회 시대의 영지주의를 비롯하여 역사적으로 존재했던 수많은 사상적 도전을 뛰어넘어 전해져 왔다. 그러므로 이 시대의 포스트모더니즘이 가져온 다원주의의 사상적 한계를 뛰어넘는 것도 여전히 가능하다.

복음은 문화를 옷 입고 전해진다

한국 교회에 전도의 위기를 가져온 또 하나의 요인은, 교회가 복음과 문화의 관계를 정확하게 이해하지 못하는 데에서 기인한다. 교회는 복음을 나르는 수레와 같고 그 수레의 바퀴는 문화이다. 이 수레와 바퀴의 역할을 올바로 이해하지 못할 때 교회는 복음을 전하는 일에 실패한다. 복음과 문화를 혼합하거나 혹은 분리된 것으로 여기며 복음을 전하려 할 때 전도의 위기가 찾아온다.

복음과 문화는 혼합되어서도, 분리되어서도 안 된다. 교회가 너무 문화를 맞추려 하다가는 문화 속으로 침투는 하지만 복음을 잃어버릴 수 있다. 그렇게 되면 자유주의(Liberalism)에 빠진다. 그렇다고 교회가 문화와 담을 쌓은 채 문화적 상관성을 배제하고 오직 복음만 붙잡으려고 하면 근본주의(Fundamentalism)에 빠진다. 자유주의든 근본주의든 어느 한쪽에 빠지면 온전한 의미의 복음 전도는 위기에 처한다. 복음은 반드시 문화적 형태를 통해서 전해지기 때문이다.

하나님은 복음을 아브라함에게 주신 약속과 그의 후손 이스라엘의 문화를 통해서 세상에 주셨다. 예수님과 제자들의 복음서 이야기는 유대 문화를 통해 전해졌다. 문화적 해석을 배제한 복음 이해는 불가능한 것이며, 따라서 문화적 표현을 배제한 복음 전도 또한 불가능하다. 복음이 사회와 공동체의 문화를 떠나서 개인적인 신앙과 행위의 문제로 축소될 수 있다고 여긴다면 이원론에 빠질 수 있다. 복음의 전달은 문화의 주된 매체인 언어와 그 언어를 중심으로 하는 공동체를 통해서 이루어진다. 공동체란 곧 문화를 구현하는 집단이다. 교회는 문화의 옷을 입지 않은 복음은 존재할 수 없다는 것을 자각해야 한다.

복음이 어떻게 문화의 옷을 입고 전해지며 또한 어떻게 복음의 순수성을 보존하며 전해질 수 있는지에 대하여는 선교학에서 주로 다루어졌다. 선교와 전도를 분리하여 보는 시각에서 벗어나 타 문화권 선교신학을 전도에 적극 활용해야 한다. 타 문화권에서 복음을 전하는 선교사들의 경험은 같은 지역에 살고 있으면서도 다른 세계관을 가지고 살고 있는 불신자들에게 복음을 전할 때 매우 중요한 지혜들을 제공한다. 뉴비긴은 다원주의 문화의 중심인 인도에서 오랫동안 사역을 했는데, 복음과 문화와의 중요한 관계에 대해 이렇게 설명한다.

복음은 역사상 특정한 시기와 장소에서 발생한 사건들에 관한 소식이다. 그 사건들은 일본이나 아프리카가 아니라 팔레스타인에서 일어났다. 또 그 이야기는 산스크리트어나 중국어가 아니라 히브리어와 그리스어로 전달되었다. 복음이 전해지는 곳이 어디든지, 그것은 인간의 언어로, 즉 어떤 문화의 언어로 전해지기 마련이다. 어떤 공동체가 복음에 따라 살려고 할 때에도, 그 공동체는 특정한 인간 문화의 일부일 수밖에 없다. 선교사가 어디서 또 언제 복음을 전하든지, 그들이 들고 간 복음은 문화적 요소가 완전히 제거된, 하늘에서 뚝 떨어진 것이 아니다. 그것은 어디까지나 특정한 문화의 언어와 생활 방식으로 표현된 복음이다.[10]

복음은 문화의 옷으로 표현되고 전달되어야 한다는 중요한 원리를 외면할 때 교회는 복음 전도에 실패하게 된다. 전도에 앞서 교회 문화를 복음적으로 변화시키는 것이 중요한 이유가 여기에 있다: 교회가 복음을 전할 때 그 교회의 문화를 통해 표현되기 때문이다. 교회가 복음 전달은 물론 지역 사회와 함께하는 프로그램을 진행한다면 그 교회의 문화가 세상에 보여질 수밖에 없고, 그 자체가 문화를 통해 복음이 전해지는 것이라는 시각에서 보아야 한다. 사람들은 복음을 받아들이기 전에 먼저 복음을 품고 있는 교회의 문화를 관찰한다. 따라서 먼저 교회 문화를 복음적으로 변화시키지 않으면 복음이 순전하게 전해질 수 없다. 복음이 만들어 낸 문화가 사회에 영향을 미치고, 그 문화가 품고 있는 복음이 사람들에게 흡수되며 또한 그 문화가 복음에 합당하게 유지되고 새롭게 변화하도록 이끄는 것이 교회의 사명이다. 로잔 언약(Lausanne Covenant)[11] 제10항에서는 복음 전도와 문화의 관계에 대하여 다음과 같이 선언한다.

세계 복음화를 위한 전략 개발에는 상상력이 풍부한 개척 방법이 요구된다. 하나님의 뜻을 따라 전도한다면 그리스도 안에 깊이 뿌리내리면서도 자신들의 문화에 적합하게 맞추어진 여러 교회가 일어날 것이다. … 교회는 문화를 변혁하고 풍요롭게 만들고자 애쓰되 모든 것을 하나님의 영광을 위해서 해야만 한다.[12]

초대교회는 문화에 근본적인 영향을 미침으로써 시대와 역사를 변화시켰다. 세상 문화를 바꾸겠다고 외치지는 않았지만 초대교회 공동체 자체가 세상과 다른 문화로 변화되었다. 교회 공동체 문화 자체가 먼저 변화함으로써 세상 문화의 변화를 이끈 것이다. 문화를 변혁하는 교회는 선구자이지 동반자가 아니었다. 초대교회 최초의 종교회의는 신학적인 문제가 아니라 문화적인 문제였다. '교회가 유대 문화를 둘러싼 새로운 이방 문화에 적응해야 하는가?' 아니면 '새로운 문화가 교회의 첫 번째 회심자들인 유대인들의 문화에 맞추어 변화해야 하는가?'의 문제였다.

초대교회 이후 교회가 문화와 어떤 관계를 맺는지에 따라서 복음 전도의 영향력이 결정되었다. 이 시대가 겪고 있는 전도의 위기는 교회가 더 이상 현대 문화를 형성하지 못하고 오히려 현대 문화가 교회를 형성하고 있는 데서 찾아온다. 세상은 변화하고 있지만 교회는 변화를 거부하고 있다. 세상이 교회를 더욱 비난하게 된 원인 중 하나는 교회 문화가 변화를 거부하고 옛 문화를 보존하는 데 머무르고 있기 때문이다. 문화로서 교회의 전통(tradition)이 공동체로서 교회의 정통(orthodoxy)[13]을 세상에 드러내는 일을 가로막고 있기 때문이다. 복음에 근거한 정통에 의해 교회의 전통이 끊임없이 변화해야 한다. 그렇지 않으면 전통이 변해서는 안 되는 정통을 방해하게 된다. 우리는 교회가 문화적 변혁을 추구할 것을 역설하는 어윈 라파엘 맥머너스(Erwin R. McManus)의 말에 주목할 필요가 있다.

> 교회 바깥에는 예수 그리스도의 교회를 완벽히 침몰시킬 수 있는 폭풍이 존재하지 않는다. 문화가 아무리 급격히 변한다고 할지라도, 교회는 그것을 극복하도록 설계되어 있다. 그러나 문화가 변화해 감에 따라 교회가 운동(movemen)이 아니라 기관(institution)이 되어 가고 있다는 것은 고통스러운 현실이다. 두 가지의 차이점은 기관은 문화를 보전하지만, 운동은 문화를 창조한다는 것이다. 많은 경우에 사라질 문화를 보존하려고 시도하는 사람들은 문화의 수치스러운 죽음에 동참하게 된다.[14]

맥머너스는 교회가 문화를 창조하기보다는 보전하려고 하는 관성적인 흐름 때문에 전도의 위기가 오는 것이라고 했는데, 적절한 지적이다. 한국 기독교 역사가 100년이 넘어가면서 많은 교회가 복음을 보존하기보다 오래된 교회 문화 자체를 보존하려는 관성을 보이고 있다. 전도의 운동력이 약화된 원인이 여기에 있다. 교회가 문화의 전수자로서만이 아니라 창조자로서 계속해서 변화할 때 교회는 운동으로서 존재할 수 있다. 복음은 변하지 않지만 복음을 전하는 방식은 시대에 따라 변하기 때문에 시대의 문화에 적합한 전도의 방법론을 끊임없이 계발해야 한다. 라디오가 유일한 시대에는 라디오 방송을 통한 전도가 유효했다. 운동장이나 체육관에서 대규모로 모인 전도집회가 유효했던 시대도 있다. 1970-80년대의 빌리 그레이엄 전도집회가 그 중요한 사례이다.

디지털 혁명으로 모바일 문화가 이끌어 가는 이 시대에는 개별 맞춤화된 전도 방식이 필요하다. 창조적인 문화를 통해 운동력을 상실하지 않고 전도를 위해 끊임없이 노력하는 교회만이 문화를 재창조함으로써 전도의 열매를 거둘 수 있다.

일방적 외침은 잘 들리지 않는다

한국 교회 전도의 위기는 커뮤니케이션 방식에서 크게 나타난다. 커뮤니케이션은 전달자와 수용자의 쌍방향 소통이 일어나야 효과적이다. 현대 사회는 쌍방향 커뮤니케이션을 중요시하는 문화로 변화되었기에 교회가 효과적인 쌍방향 커뮤니케이션 방식을 찾는 노력을 기울이지 않으면 전도에 실패할 수밖에 없다. 복음의 내용은 바뀌지 않게 순수하게 보존하면서도 복음을 전하는 커뮤니케이션 방식은 문화가 바뀔 때마다 지속적으로 바뀌어야 한다. 교회가 복음을 듣는 이들의 상황을 고려하지 않고 일방적으로 복음을 전달하려는 커뮤니케이션 방식을 바꾸지 않으면 전도의 위기를 해결할 수 없다.

빌리 그레이엄(Billy Graham)의 *Steps to Peace with God*이라는 책은 '평화'라는 관점에서 복음을 제시한다. 평화는 세계 전쟁으로 고통받던 수많은 사람에게 복음이 문화를 입고 잘 전달되도록 해준 주제이다. 하나님은 이 책을 사용하셔서 수많은 사람을 구원하셨다. 그러나 젊은 세대에게 평화라는 주제는 그들의 부모 세대에게 미쳤던 것만큼 영향을 주지 못하고 있다. 그들은 전쟁의 경험이 없고 간간이 타 지역의 전쟁만을 뉴스로 경험하고 있으니 당연한 결과이다.

그렇다면 CCC의 사영리식 복음 제시는 어떤가. 사영리는 과거나 지금이나 전 세계적으로 복음 전도에 가장 큰 영향력을 끼치고 있는 전도 방법이다. 사영리는 뉴턴의 물리학이 익숙한 사람들에게 물리 세계를 지배하는 네 가지 법칙과 같은 방식으로 영적 세계의 네 가지 원리를 제시한다. 사영리는 "자연계에 자연법칙이 있듯이 하나님과 사람 사이에도 영적인 원리가 있습니다"라는 말로 시작하면서 복음을 법칙적으로 표현할 수 있는 영적 원리로 제시한다. 복음을 조직신학적으로 잘 정리하여 소개하는 것이다.

그러나 이런 방식 역시 현대 사회의 젊은 세대들에게는 그 영향력이 과거만 못하다. 그들은 잘 짜인 법칙 같은 체계적 논리에 순응하기를 거부한다. 그들은 뉴턴의 법칙보다는 양자 물리학이나 카오스 이론에 더 익숙하기 때문이다. 그들은 점점 더 뉴턴주의 물리학과 자연법칙에 동의하지 않을 것이고, 그럴수록 사영리와 같은 복음 제시 방법에 대하여 점점 더 귀 기울이지 않게 될 것이다.[15]

문제는 복음전도자인 우리가 사영리와 같이 복음의 핵심적인 내용을 잘 정리하여 비신자에게 전달하면서도 그의 삶의 문제와 필요에 귀 기울이지 않는 것이다. 성공적인 복음 제시가 이루어지려면 사영리의 모든 내용을 논리적으로 설명하는 것으로 복음 제시를 끝냈다고 여겨서는 안 된다. 네 가지 명제 중 어느 한 가지 명제가 대상자에게 적절할 경우에 그 명제 중심으로 설명할 수 있는 유연성을 길러야 한다.

제임스 케네디(James Kennedy)가 고안한 '전도폭발'은 1970년대 책으로 발간된 이후 복음 전도에 매우 유용한 방법으로 쓰임 받았다. 전도폭발이 처음 시행된 코럴릿지 장로교회는 17명이던 교인이 약 6,500명으로 성장했다. 예배 참석자 수는 최고 만 명 이상에 달하였다. 제임스 케네디는 빌리 그레이엄 전도학교의 정교수로서 전도를 주제로 7만 5,000명의 목사와 신학생들에게 강의했을 정도로 훌륭한 전도 훈련가이다.

이러한 전도폭발은 한국 교회에서도 건강한 복음주의 교회들은 반드시 시행해야 하는 전도 훈련으로 여겨지며 제자훈련 과정으로서 사역자를 양성하는 중요한 프로그램으로 자리매김하였다. 그런데 전도폭발의 복음 공식(Gospel Formula)의 영향력은 수십 년 전에 비해 약화되고 있다. 그 이유는 전도폭발이 제시하는 복음 내용에 문제가 있어서가 아니라 커뮤니케이션 측면에서 사람들이 공식화한 복음 제시를 거부하고 있기 때문이다. 먼저 두 가지 진단 질문에서부터 다원주의 사상에 익숙한 현대인들은 거부감을 가질 수 있다.

"만일 오늘 밤이라도 이 세상을 떠나신다면 천국에 들어갈 것을 확신하고 계십니까?"

"만일 오늘 밤 이 세상을 떠나 천국 문 앞에 섰는데, 그때 하나님께서 '내가 너를 나의 천국에 들어오게 해야 할 이유가 무엇이겠느냐?'고 물으신다면 어떻게 대답하시겠습니까?"

만일 병원에서 생사의 고비를 넘고 있는 환자에게 이런 두 가지 진단 질문을 한다고 생각해 보자. 세상을 떠나지 않기를 간절히 원하는 그들로서는 세상을 떠난다는 말 자체에 거부감을 느끼고 상처를 받을 수 있다. 하나님의 존재와 심판 자체를 인정하지 않는 이들에게는 대화의 도입부터 걸림돌이 될 수 있다. 반면 기독교에 호감이 있던 사람이나, 교회는 다니지만 구원의 확신이 없었던 이들에게는 매우 효과적일 수 있다. 이처럼 사영리와 전도폭발은 한국 교회가 전도의 한 방법으로써 귀하게 사용해 왔으며 어떤 이들에게는 여전히 효과를 발휘하고 있다.[16] 그러나 포스트모더니즘의 다원주의가 지배적인 사상과 문화의 흐름이 된 시대에 그 방법론은 효과를 잃어 갈 수 있음을 주의해야 한다.

포스트모던시대에 태어나 자라난 엠지(MZ) 세대를 디지털 네이티브(Digital Native) 세대라고 말한다. 다원주의와 디지털 문화 속에서 자라난 그들은 자신의 느낌과 경험을 가장 중요하게 생각하며 자유롭게 자기를 표현한다. 엠지 세대는 일방적이고 권위적으로 주어지는 메시지와 전도 방법에 대하여 다른 세대에 비하여 더욱 심하게 거부한다. 이들에게 복음을 제시하기 위해서는 이전 세대에 효과적이었던 전도 방법들을 고수하기보다 그들의 필요에 적합한 복음 제시 방법이 요구된다.

온누리교회가 전도 방법론의 변화를 추구하고 있던 2002년 당시, 한국 사회는 디지털 혁명의 발흥을 배경으로 기업들의 경영 방식이 고객에 대한 개별 맞춤으로 변화하고 있었다. 고객과의 관계 형성을 기반으로 하는 경영 기법인 CRM(customer relationship management)이 바로 대표적인 경영 원리이다. 기업들은 이전보다 더욱 소비자의 필요를 과학적이고 체계적으로 파악하여 고객들의 개인적인 취향과 관심도에 따라 맞춤 제품을 생산하여 판매하기 시작했다. 고객 관계 경영 문화는 기업의 보편적 경영 방법이 되었다. 기업들은 모바일 디지털 혁명을 통해 얻어지는 빅데이터를 기반으로 개별 맞춤 경영을 펼쳐 나갔고, 이로써 사회의 문화가 완전히 재편성되었다. 방송 영역에서도 편성표에 따라 정해진 프로그램을 일방적으로 송출하는 시스템은 외면당하고, 시청자들이 개별적으로 자유롭게 선택하는 OTT [17]플랫폼이 지상파 방송국보다 더 큰 영향력을 발휘하는 시대가 되었다. 앞으로는 AI를 기반으로 하여 개별적으로 맞춤화된 커뮤니케이션 방식이 더욱 가속화될 것으로 예상한다.

이러한 사회의 커뮤니케이션 문화의 변화는 복음 전도 방식에도 변화를 요구한다. 복음 전도에 기업들의 마케팅 원리를 도입해 변화를 모색해야 한다는 뜻이 아니다. 변화한 시대의 문화 속에 기업들이 발 빠르게 적응하며 변화해 나가듯이, 불신자들에게 익숙해진 커뮤니케이션 방법론을 사용하는 것이 효과적이라는 뜻이다. 이러한 사회의 변화는 과거에 오랫동안 익숙한 교회의 전통적인 전도 방법으로는 복음을 효과적으로 전하기 어려운 환경을 만들어 내고 있다. 그러므로 이제 교회는 전달자(전도자) 중심의 커뮤니케이션 방법으로 전도하는 것을 지양하고 수용자(전도대상자) 중심의 커뮤니케이션 방법으로 전환해야 한다.

선교적 공동체와 관계 형성

교회가 선교적 소명을 잃어버리고 교제 중심의 공동체로서만 존재할 때 그 교회는 도리어 위기에 처할 수 있다. 교회 안에서 일어나는 교제는 돌봄과 치유의 관점에서 매우 중요하다. 그러나 교회가 교제 중심의 공동체로만 존재한다면 전도와 선교의 영역이 현저히 부족해지며, 그러한 교회는 결국 교제마저도 다툼과 분열로 무너질 수 있다. 구성원들이 세상 속 교회로서의 정체성을 잃어버리고 세상과 단절된 채 자기중심적인 공동체를 만들어 가기 때문이다.

건강한 교회는 중요한 네 가지 기능인 예배·제자훈련·교제·전도와 선교가 균형 있게 나타난다. 이중 교회가 어떤 기능에 초점을 두고 사역하는가에 따라 어느 한 가지 기능이 다른 기능들을 촉진시키고 형성하기 마련이다. 많은 한국 교회가 공동체를 돌보는 방법으로 '심방(Home Visiting)'을 강조한다. 목회의 시간 대부분을 심방 사역에 사용하는 목회자도 많다. 심방 사역이 목회적 돌봄에 있어서 매우 중요한 역할을 하는 것은 맞다. 하지만 선교와 전도에 대한 헌신 없이 심방 사역에만 치중하는 목회로는 교회가 선교적 소명에 충실한 교회로 변화되기 어렵다.

선교적 교회 운동의 이론과 실천가인 선교신학자 마이클 프로스트 (Michael Frost)와 앨런 허쉬(Alan Hirsch)는 선교가 촉매가 되는 교회에 대한 유익한 분석을 제시한다. 교회가 선교적 교회로서 존재하기 위해서는 선교와 전도가 예배와 제자훈련과 교제를 촉진시키고 형성할 수 있어야 한다는 것이다. 교회의 여러 기능은 서로 유기적으로 연결되어 있어 어느 한 기능이 다른 기능들을 촉진시킨다. 그런데 선교가 교회의 다른 모든 기능들을 촉진시키고 형성해 갈 때만 선교적 교회라고 말할 수 있다. 이를 표1 과 같이 나타냈다.[18]

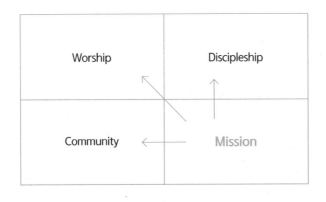

표1 **선교의 촉매 역할**

선교와 전도에 헌신한 공동체에서는 참된 예배와 제자훈련과 교제가 살아나게 된다. 어떤 교회는 선교와 전도에 대한 헌신은 새가족이 양육을 받고 오랜 시간 교회 생활에 익숙해야 참여할 수 있는 것으로 생각한다. 그래서 교회의 양육체계에서 제일 마지막 단계에 배치한다. 그러나 예수님의 증인이 되는 것은 얼마나 교회 생활에 익숙한가와 비례하지 않는다. 교회 생활에는 익숙하지만 증인의 삶에는 관심이 없는 성도들도 많기 때문이다.

도리어 예수님을 구주로 영접하고 하나님 나라 복음의 능력을 체험한 직후의 새신자들에게서 증인으로서의 삶이 더 잘 나타날 수 있다. 복음서에서 예수님을 만난 이들이 곧바로 예수님의 증인이 된 것이 중요한 근거가 된다. 따라서 새가족 양육 단계부터 선교와 전도에 대한 교육을 포함시키는 것이 중요하며 목회자들만이 아니라 전 성도가 선교와 전도에 함께 참여하는 공동체가 되어야 한다.

교회에 주어진 중요한 소명은 성도가 복음 안에서 용기 있는 삶을 살며 계속해서 하나님의 선교적 모험에 참여하도록 격려하는 것이다. 교회를 세상으로부터의 피난처로 인식하는 일에만 머무른다면 예수님이 세우신 교회의 진정한 의미를 포기하는 것이다. 교회가 자기중심적이고 자기방어적인 공동체가 되어 선교적인 모험을 시도하지 않는다면 안타깝게도 점점 능력을 잃어버릴 것이다. 예배와 공동체 그리고 제자훈련 모두가 교회의 중요한 본질적인 기능이다. 그런데 다른 모든 영역을 촉진시키고 형성할 수 있는 기능은 선교라는 것을 잊어서는 안 된다. 다른 기능들을 도외시하고 오직 선교만 하라는 것은 아니다. 네 가지 기능이 본질적으로 살아나게 하는 것이 선교라는 사실을 강조하는 것이다.

공동체 측면에서 전도의 위기를 일으키는 또 다른 요소는 효과적인 전도의 첫 단계, '관계 형성' 단계를 간과하는 것이다. 효과적인 전도가 이루어지기 위한 세 단계는 관계 형성 단계(Pre-Evangelism), 복음 제시 단계(Evangelism), 사후 양육 단계(Post-Evangelism) 이다. 이 세 단계 중 어느 한 단계만 실패하여도 전도에 있어서 열매를 기대하기 어렵다. 한국 교회의 전도에 대한 부정적 반응의 중요한 원인은 대부분 관계 형성 단계가 생략되었기 때문이다. 체계적인 복음 제시가 효과적으로 이루어지려면 신뢰를 바탕으로 한 관계 형성이 필수적이다. 선교적 공동체는 효과적인 전도를 위한 관계 공동체로서 존재한다.

데이빗 가이슬러(David Geisle)와 노만 가이슬러(Norman Geisler)는 기독교 변증학자들로서 1960-70년대 사용하였던 방법들이 예전과 같은 효과를 발휘하지 못하고 있다는 증표들이 나타나고 있기 때문에 전도 패러다임의 변화가 필요함을 지적한다. 특히 관계 형성 단계에 더 많은 노력을 기울여야 한다고 강조한다. 가장 중요한 이유는 복음 메시지 자체에 대한 사람들의 관심이 점점 더 줄어들고 있기 때문이다. 이는 세상이 바뀌어 복음에 대한 걸림돌이 더 많아졌으며 상대주의 문화 속에서 진리에 대한 회의와 무관심에 빠져 있기 때문이다. 따라서 사람들이 진리에 귀를 기울이도록 돕기 위해서는 그들의 정신과 마음의 땅을 경작하기 위해 더 많이 노력해야 한다. 이를 위해서는 예비 단계의 전도 훈련을 모든 전도 훈련의 필수 코스로 만들어야 한다. [19]

1장에서는 한국 교회의 전도의 위기를 사상적, 문화적, 커뮤니케이션 측면, 공동체적인 위기로 규정하고 분석해 보았다. 이 위기들은 서로 분리된 것이 아니라 서로 긴밀히 연결되어 있으며 한 가지 위기가 또 다른 위기를 불러일으킨다. 이는 한 가지 위기가 해결되면 또 다른 위기가 연이어 해결될 수 있다는 말이기도 하다. 시대마다 복음 전도의 위기는 늘 존재해 왔다. 또한 어느 시대의 어떤 위기이든지 복음은 모든 믿는 자에게 구원을 주시는 하나님의 능력임을 믿으며 새롭고 창의적인 아이디어로 복음을 전하는 이들도 존재해 왔다. 복음에 대한 확신과 체험 그리고 복음 전도에 대한 헌신과 창의적 아이디어가 부재할 때는 외부적 위기에 쉽게 무너진다.

chapter 2

맞춤전도의 정의 ─ 대상자 중심의 맞춤 언어로 전한다

맞춤전도(Accommodation[20] Evangelism)란 기존의 전도 방법론을 무시하거나 제외하고 창안한 것이 아니다. 다만 지금까지의 전도 방법들이 간과하고 있었던 '대상자 중심'의 사역 철학을 바탕으로 모든 방법을 재구성하려는 시도이다.

맞춤전도란 전도 대상자의 필요와 복음의 접촉점을 정확하게 발견하여 복음을 생활 언어로 전하는 전도 패러다임이다. 포스트모더니즘의 긍정적 측면[21]을 이용하여 복음을 현대인이 이해할 수 있는 생활 언어로 전하고자 하는 전도 방법이다. 맞춤전도는 어떻게 복음을 전할 것인가의 문제를 전도자의 상황과 판단이 아닌 대상자의 문제와 필요에서부터 찾는다. 대상자의 문제와 필요가 복음을 어떤 방법으로 전하게 될지를 결정한다. 또한 맞춤전도는 복음을 시대의 흐름에 합당한 문화적 생활 언어로 전달하고자 한다. 복음은 모든 인간의 필요에 대한 하나님의 대답이다. 따라서 대상자의 필요와 복음의 접촉점을 찾아 생활 속의 언어로 복음을 설명하는 것에 초점을 둔다.

맞춤전도가 이루어지기 위해서는 네 가지 중심 가치가 기초가 되어야 한다. 이 네 가지 중심 가치는 전도에 있어서 전도자 중심이 아니라 대상자 중심으로서 메시지와 프로그램과 방법을 결정하는 기준이 된다.

대상자의 필요를 깊이 이해한다

복음 전도는 반드시 대상자의 필요를 파악하는 것으로부터 시작해야 한다. 교회가 복음을 불신자들의 필요와 연관시키지 않는 한, 그들은 복음이 자신들의 삶과 아무런 관련이 없다고 생각한다. 그래서 복음을 받아들이지 않는 것이다.

전도할 때는 전달자가 복음 제시를 얼마나 잘했는가보다도 복음을 들은 사람이 얼마나 이해하고 분명하게 반응하였는지가 더 중요하다. 전도 대상자에게 소위 복음 공식이라고 할 수 있는 교리를 논리적으로 유창하게 잘 설명하였다고 해서 모든 사람이 반응하고 받아들이지는 않는다. 현대인들의 일차적인 관심은 성경의 교리 체계에 대한 관심이나 의구심보다 자신의 삶의 필요와 문제에 있기 때문이다. 필요와 문제 속에 있는 사람들은 복음이 삶의 필요에 정확하게 부응한다는 것을 깨닫고 느끼지 않으면 회심의 여정으로의 변화를 선택하지 않는다. 따라서 대상자의 세계관과 필요를 정확하게 이해하고 복음을 그 필요에 적합한 언어로 해석해 줄 필요가 있다. 이것이 불신자에 대한 적합한 접근법이다. 대상자의 상황에 적합하지 않은 커뮤니케이션 방법은 불필요한 오해를 일으키며 대상자가 하나님과 더 멀어지게 만들 수 있다.

조지 G. 헌터(George G. Hunter III) 박사는 사람들의 필요와 질문의 구체적인 형태는 문화권에 따라 달라질 수 있음을 지적한다. 호주와 유럽 지역에서는 주로 하나님의 '존재'가 논쟁점이다. 따라서 이 지역에서의 전도 활동에서는 하나님의 존재에 대한 변증이 중요하다. 미국에서의 논쟁점은 하나님의 '존재' 여부가 아니라 '어떤 종류의 하나님인가'이다. '미국 시민 종교로서의 하나님인가, 예수 그리스도의 아버지 하나님인가?'에 답을 제시해야 한다. 제3세계 지역에서의 논쟁점은 '악한 영들'이다. 따라서 예수 그리스도를 두려움으로부터 구해 주시는 '승리자 그리스도'로서 제시해야 한다.[22] 이렇게 대상자의 필요는 복음의 어떤 측면을 먼저 강조할 것인지를 결정짓는다.

맞춤전도는 전도자와 메시지와 전도의 모든 방법이 대상자의 필요에 적합한 것인가를 가장 중요하게 다룬다. 우선 복음을 전하는 메신저 자신이 대상자의 필요와 문제에 깊이 공감할 준비가 되어 있어야 한다. 전해지는 메시지도 메신저가 전하고 싶은 내용이 아니라 대상자가 꼭 들어야 하는 내용이어야 한다. 이를 위하여는 대상자들의 세계관과 문화 그리고 현재의 문제와 필요 대한 깊이 있는 조사와 연구가 필요하다. 전도에 사용하는 도구와 방법 또한 대상자에 필요에 부합한 것이어야 한다. 이를 도식화하면 표2와 같다.

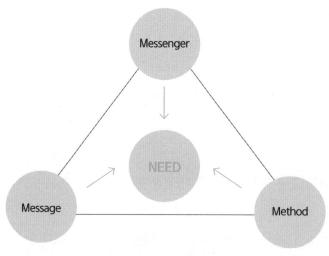

표2 대상자의 필요 중심 전도

문화적 장벽을 제거한다

전도 대상자들에게 문화적 접근 방법은 필수적이다. 그들은 신자들에게 익숙한 교리적인 용어보다는 일상적이고 평범한 언어로 복음을 듣기 원한다. 교회 문화에 익숙한 성도들을 향한 언어는 그 문화 밖에 있는 사람들에게는 매우 낯설다. 그런 언어만으로 복음을 전한다면 결국 그들과의 관계 형성과 복음 제시 기회를 모두 놓치게 될 것이다. 교회 문화에 대한 경험이 전혀 없는 사람들은 그런 언어를 전혀 이해할 수 없고, 귀에 들어오지도 않기 때문이다. 교회가 전도 대상자들과 소통하기 위해서는 전통 교리를 재해석하는 정도를 넘어서서 새로운 문화적 옷을 입는 작업이 요구된다.

물론 언어는 복음을 해석하고 전하는 전체 과정의 한 요소일 뿐 절대적으로 가장 중요한 요소는 아니다. 교회 전체의 문화와 사역자들의 태도와 장소의 분위기 등이 적절한 단어 선택보다도 더 중요할 수 있다. 세속화된 사람들은 교회를 처음 방문할 때 문화적 이질감을 느낄 수 있다. 그런데 교회는 이들이 느낄 수 있는 문화적 장벽에 대하여 잘 인식하지 못한다. 사람은 대부분 문화적 장벽이 먼저 제거되지 않으면 우리가 전하고자 하는 복음과 하나님 나라에 대하여 관심을 두지 않는다. 문화적 장벽을 제거하기 위해서는 전도 대상자와의 공감대 형성이 중요하다. 교회가 현대 문화를 이해하고 있으며, 문화 속에 살고 있는 대상자들의 문화도 이해하고 있음을 알려 주는 것이 중요하다.

불신자들은 교회를 높은 담벼락 안에 갇혀 밖에서 일어나고 있는 일에는 전혀 관심 없는 단체로 이해하곤 한다. 혹은 무슨 일이 일어나고 있는지 알면서도 교회 밖 세상에는 전혀 무관심한 이기적인 단체로 이해한다. 따라서 그들과 공감대를 형성하기 위해서는 현대 문화의 장단점과 어떤 면에서 영향력을 미치고 있는지를 간파하고 있어야 한다. 불신자들을 가로막고 있는 장애물들은 신학적인 것이기보다 문화적인 것이기 때문이다. 그들이 복음을 듣기 위해서는 먼저 문화적 장애물들을 통과해야 한다. 예를 들어 전도자가 인도에서 복음을 전한다면 누가복음 15장의 탕자의 비유에서 아버지가 돌아온 아들을 위해 '소'를 잡고 잔치한다는 내용을 강조하지 않거나 드러내지 말아야 한다. 반드시 '소'를 언급해야 잔치가 설명되는 것은 아니기 때문이다. 만일 '소'에 대한 인도인의 의식을 고려하지 않으면 문화적 장벽에 복음 전달이 가로막힐 수 있다.

1980년대에 미국에서 일어나 세계적으로 많은 영향을 미친 '구도자중심예배(Seeker Sensitive Worship)'의 목적은 바로 교회의 높아진 문화적 장벽을 없애는 것이었다. 구도자중심예배의 스타일은 각 교회의 문화적 상황에 따라 다르게 나타날 수 있으나 핵심 철학은 동일하다. 설교자가 전하는 메시지에서부터 프로그램까지 우리가 익숙한 방식으로 진행하는 것이 아니라 전도 대상자들에게 문화적 수준을 맞추는 것이다. 이러한 형태의 예배가 과연 성경적인 것인가에 대한 논란도 있어 왔으며 전통적인 예배 문화에 익숙한 이들에게 비판을 받기도 하지만, 교회의 문화적 장벽에 불만이 있는 불신자들을 전도하는 데 분명한 효과가 있다. 그러므로 불신자에게 교회의 문화 자체가 장벽이 될 수 있다는 면을 고려하여 문화의 장벽을 낮추는 노력이 필요하다. 특별히 문화인류학적 시각을 포함시킬 때 전도의 열매는 더욱 풍성해질 수 있다.

전도는 단판 승부가 아니다

진정한 전도는 점진적인 과정이지 일회성 이벤트가 아니다. 그리스도께 나아오는 믿음의 발걸음은 종착지에 도착하는 것이 아닌 여정의 시작이다. 또한 그리스도께 나아오게 하는 일도 하나의 여정으로 이해해야 한다. 노만 가이슬러는 전도를 정의하기를 "매일 모든 방법으로 믿지 않는 친구들이 예수 그리스도께 한 걸음 더 가까이 나오도록 돕는 것"이라고 하였다.[23] 전도는 한 순간의 결신으로 이루어진 것처럼 보일지라도 실상은 여러 단계가 하나의 과정으로서 진행되면서 일어나는 변화이다. 전도는 하나의 이벤트가 아니라 한 걸음 한 걸음 그리스도께 가까이 인도되는 과정(process)으로 이해해야 한다. 그러므로 복음 전도자는 한 번에 복음의 메시지를 전부 다 완벽하게 전달해야 한다는 것을 목표로 삼을 필요가 없으며 그렇게 해서도 안 된다. 그러한 시도는 전도의 장벽을 더 두껍게 만들 수 있다.

조지 G. 헌터 박사는 전도의 '다중적 대화 모델(Multiful Conversations Model)'의 중요성을 지적하였다. 전통적인 전도 모델은 단 한 번 도전적으로 진행되는 대화를 나눈 뒤에 그리스도인이 되는 결정을 내리도록 유도하는 방법이다. 이러한 '단판 승부식 모델(Single Confrontation Model)'은 한 번에 너무 많은 내용을 전하려고 하는 나머지 대상자들이 아무것도 생각하지 못하게 몰아붙이는 방식으로 진행될 위험이 크다. 복음을 믿고 결신하는 일은 계속적인 메시지 전달로 인한 누적 효과(Cumulative Effect)에 의해 이루어진다. 너무 많은 메시지를 한 번에 다 전하려고 하는 것은 도리어 역효과를 만들 수 있다.

물론 전도의 과정에서 언젠가는 예수님을 주와 그리스도로 영접하는 결정적인 도전의 만남이 있어야 한다. 그러나 언젠가 또다시 만날 수 있는 관계의 영역 속에 있는 사람이라면 단 한 번의 만남에서 꼭 그러한 도전을 해야 할 필요는 없다. 가벼운 도전을 주는 질문들로 시작하여 그의 고민과 문제에 대한 대화에 이르기까지 다양한 형태의 대화를 진행하는 것이 중요하다. 때로 그리스도를 영접하는 초청을 할 때도 반드시 지금 결심하도록 독촉하는 것보다 언제라도 결심이 서면 꼭 알려 달라는 대화의 방식으로 몇 주 혹은 몇 달에 걸친 다중적 대화 방식으로 진행하는 것이 효과적이다.[24] 한 번의 대화가 또 다른 대화를 기대하도록 이끌며, 한 번의 만남과 행사가 또 다른 만남과 행사를 기대하도록 해야 한다. 단 한 번의 만남이나 전도 행사로 모든 것을 끝내려는 조급하고 공격적인 태도에 대하여 사람들은 매우 거부감을 갖는다. 영혼에 대한 간절한 사랑에서 비롯한 절박함과 자신이 모든 것을 이루겠다는 욕심은 전혀 다른 것이다. 복음을 들은 영혼이 스스로 메시지에 대하여 반추하며 진지하게 인격적인 결단을 내릴 수 있는 여유를 줄 수 있어야 한다.

전도는 팀 사역을 절실히 요구한다

전도를 과정으로서 바라보는 관점과 연결되는 것이 '팀 사역' 중심의 관점이다. 하나님이 은사를 주신 목적은 은사를 활용하여 복음을 전하고 영혼을 구원함으로써 하나님께 영광을 돌리라는 것이다. 전도 사역이야말로 팀 사역이 요구되며, 팀 사역의 다른 말은 은사 사역이다.

한 영혼이 구원받기까지는 많은 은사가 요구된다. 전도 사역의 책임이 목회자에게 있다고 생각하는 교회의 성도들은 전도에 힘쓰지 않는다. 이런 교회들은 주로 이미 믿는 성도들을 돌보는 데 주력하며 때로 타 교회에서 신앙 생활을 하다가 이동해 오는 이들을 새신자로 환영할 뿐이다. 그러나 모든 성도가 선교적 헌신을 하도록 돕고, 각자의 영역에서 선교적 삶을 살아야 한다는 점을 강조하는 교회는 다양한 팀을 이루어 각자의 은사를 통해 전도에 힘쓴다. 물론 교회 안에는 소수의 복음전도자의 은사를 받은 이들이 있지만, 이들만 증인의 책임을 받은 것이 아니다. 교회의 모든 성도는 증인으로서 부르심을 받았으며 이를 위해 서로 협력해야 한다. 사도 바울은 "나는 심었고 아볼로는 물을 주었으되 오직 하나님께서 자라나게 하셨나니"(고전 3:6)라고 고백했다.

예수님이 가버나움의 한 집에서 가르치실 때에 네 사람이 한 중풍 환자를 데리고 왔다. 그들은 예수님이 계신 집에 사람이 많아 입구로 들어갈 수 없자 지붕을 뚫어 구멍을 내고 그를 예수님 앞으로 내렸다(막 2:1-5). 네 사람이 팀으로 사역해 예수님께 환자를 인도한 것이다. 어느 한 사람만의 은사가 아니라 여러 성도가 가진 은사의 힘이 하나로 합쳐질 때 전도의 효과는 증대된다. 즉 성도와 교회가 받은 은사는 이 땅에 복음을 전하기 위해 성령님이 주시는 선물이다.[25]

chapter 3.

맞춤전도의 성경적 근거 — 여러 사람에게
여러 모양으로

복음의 내용을 왜곡하지 않으면서도 대상과 상황에 따라서 다른 표현을 사용하여 진실한 내용으로 전달하는 것이 어떻게 가능한가? 여기에 대하여는 신약성경에 나타난 전도 이야기가 그 증거가 된다.

새로운 문화 속에 살아가는 영혼에게 복음을 전하는 것은 새로운 음조의 노래로 복음이라는 가사를 전달하는 것과 같다. 21세기 포스트모던 사회에서 선교적 교회로서 전도의 소명을 수행하려면 신약성경에서 보여주는 것처럼 복음을 새로운 음조들로 노래하는 과업을 재현해 내야 한다. 그러한 과업을 성취하는 것이 어려운 이유는 복음 전도에 과학 법칙 같은 일정한 법칙이 존재하지 않기 때문이다. 전도 대상자들의 특별한 필요에 응답하면서 복음을 전하는 일은 성령님의 인도하심을 따라 복음에 기초한 창의적 사유를 활용해야 한다. 이를 위해서는 예수 그리스도께서 보여주신 복음 전도의 모델, 사복음서에서 예수님을 증거하기 위해 사용한 모델, 그리고 사도 바울이 복음 전도에 있어서 사용한 모델이 어떻게 삼위일체 하나님의 맞춤 원리에 따라 이루어진 것인지를 살펴보아야 한다.

전도의 참된 모델은 그리스도의 성육신이다

예수님의 성육신은 성부 하나님이 어떠한 분이신가를 우리에게 계시해 주시기 위해서 하나님이 예수 그리스도 안에서 자신을 상황화하신 것이다. 복음서에 나타난 예수님의 모든 삶과 사역은 성육신으로부터 나온다. 예수님이 제자들을 '세상에' 보내셨을 때 어떤 태도로 세상 속에서 증인의 소명을 이루어야 하는지를 함께 말씀해 주신 것이다.

예수님은 "아버지께서 나를 세상에 보내신 것같이 나도 그들을 세상에 보내었고"(요17:18), "… 아버지께서 나를 보내신 것같이 나도 너희를 보내노라"(요20:21)라고 말씀하셨다. 존 스토트의 해석에 따르면 '~하신 것같이 나도 너희를 보내노라'라는 표현에는 선언 그 이상의 의미가 있으며, 하나의 모델을 제공해 주시는 말씀이다. 이것은 세상과 멀리 떨어져서 지붕 꼭대기에서 복음을 외치는 교회를 말하는 것이 아니다. 세상에 복음을 전하기 위해 복음을 들고 세상 속으로 들어가는 교회로서의 사역 모델을 함께 말씀해 주신 것이다.

성자 예수님은 자신이 보냄 받은 세상 속으로 들어와 세상과 '동일화'하셨다. 이것은 의심할 여지가 없는 명백한 사실이다. 예수님은 하늘에 머물러 계시지 않았다. 세상 속으로 들어오셨다. 말씀은 하늘에서 들려오지 않았다. '말씀이 육신이 되었다.' 그리고 그분은 '우리 가운데 거하셨다.' 그분은 우리를 슬쩍 한번 방문한 뒤 서둘러 집으로 돌아가시지 않았다. 그분은 자신이 들어오신 세상 속에 머무르셨다. 그분은 인간들에게 자신의 영광을 볼 수 있는 기회를 주셨다. 그러나 그분은 사람들이 먼발치에서만 그분을 응시하게 하지 않으셨다. 그분은 당시 교회 지도자들이 인간쓰레기라며 멀리하던 사람들과 함께 다니면서, 지도자들을 창피스럽게 하셨다. 그들은 그분에게 '세리와 죄인의 친구'라는 별명을 붙였다. 이 말은 그들에게는 오명이었으나, 우리에게는 명예이다. 또한 예수님은 손댈 수 없는 나병환자를 만지셨다. 창녀의 어루만짐에 뒷걸음질 치지 않으셨다. 그리고 탄생과 함께 '육신이 되신' 그분은 죽음을 통해 '죄로 삼으신' 바 되었고 '저주를 받은 자' 되셨다. 그분은 우리의 본성을 떠맡으셨다. 이제 그분은 우리의 허물과 운명과 죽음을 떠맡으셨다. 그분의 인간에 대한 동일화는 철저하고 완전했다.[26]

예수님은 죄인들을 사랑하셨고 누구나 하나님께 중요한 존재임을 보여 주셨다. 세상의 위계질서 같은 것에는 관심이 없으셨고(막 10:42-45), 세상에서 시시하게 여기고 비난하는 약한 자와 죄인들과 자신을 동일시하셨다. 때로는 그들과 같은 부류로 취급당하셨다. 예수님이 바디매오라는 시각장애자와 마주치셨을 때 모두 바디매오를 예수님의 일정을 방해하는 보잘것없는 걸인으로 생각했다(막 10:46-52). 그러나 예수님은 모든 것을 멈추고 그를 데려오라고 말씀하셨고 직접 그를 섬기셨다.

예수님은 타락한 세상과 동화되지 않으면서 세상에 있는 사람들과 자신을 동일화하셨다. 동일화(Identification)와 동화(Assimilation)는 다른 것이다. 복음 선포 없이 동일화만 있다면 그저 사람들과 함께 어울리기만 하는 일이 될 것이다. 반대로 동일화 없이 복음만을 전한다면 욥의 친구들처럼 그들의 삶의 문제에는 진정으로 공감하지 못한 채 자기 나름대로 추론한다. 교리만을 늘어놓는 입담 좋은 자로만 그치게 될 것이다. 그러나 예수님은 대상자와의 동일화와 복음 전도를 동시에 행하심으로써 복음 전도의 중요한 모델이 되어 주셨다.

예수님은 멜기세덱과 같이 문화적으로 단절된 분이 아니시고(히 7:3), 역사의 특정한 시간과 장소와 문화 속에 존재한 분이셨다. 유대인으로서 유대 문화에 참여하셨고 당시 갈릴리 지방의 방언인 아람어를 사용하셨다. 예수님의 모든 가르침은 당시 유대 문화의 언어, 사고방식과 전통에서 비롯된 것들이다. 예수님이 가르치실 때는 소수만이 이해할 수 있는 신학적 개념을 사용하시지 않고 일상에서 늘 찾아볼 수 있는 이미지들이 사용하셨다. 농업과 어업에 일어나는 일들을 비롯하여 지역적이고 문화적인 요소들을 사용하여 복음을 설명하셨다. 더구나 예수님의 메시지는 상황과 대상에 맞추어진 것이었다.

그는 복음을 특정한 사람과 사건에 적합하도록 조정하였다. 로마 백부장의 먼 곳에 있는 병자를 치유해 달라는 요청은 하나님 나라와 관련하여 누가 내부자이고 또 외부자인지를 생각하도록 만드는 사건이 되었고 (마 8:5-13), 예수의 제자가 되고자 했던 부유한 청년이 예수의 부름을 거절한 것은 부자가 구원받기 얼마나 어려운지를 성찰하도록 만들었다(마 19:16-26). 예수님 자신이 죽임을 당하고 다시 살아날 것이라고 예견하자 뒤이은 베드로의 비난은 그로 하여금 모든 참된 제자는 십자가를 져야 함을 분명히 말하도록 이끌었다(막 8:31-38). 그는 대중에게 말씀하실 때에는 바리새인들에게 했던 것과 다르게 했고, 니고데모에게는 베드로에게 했던 것과 다르게 말씀하셨다. 즉 복음에 대한 설명을 상황에 알맞게 재단하였던 것이다.[27]

예수님이 복음을 전하실 때는 언제나 복음을 듣는 대상의 수준과 필요에 따라 다른 방법으로 설명하셨다. 예수님은 사람들을 배려하는 마음으로 대하셨고, 강압적이지 않은, 자연스러운 대화를 통해 복음을 전하셨다.

요한복음에 나타난 니고데모와 사마리아 여인과의 만남은 예수님이 어떻게 대상의 필요에 따라 말씀하셨는지를 보여 주는 중요한 사례이다. 예수님은 이스라엘의 선생이었던 니고데모에게는 '거듭남'으로 들어가는 '하나님 나라'에 대하여 설명하셨지만(요 3:3), 우물가에서 만난 사마리아 여인에게는 처음부터 끝까지 '물'이라는 단어로 하나님과 구원을 설명하셨다(요 4:4-14).

니고데모는 랍비로서 유대민족에게 '하나님 나라'에 대하여 가르치는 교사였다. 예수님은 그가 가장 잘 알고 있던 '하나님 나라'에 들어가는 길을 설명하셨다. 당시 니고데모를 비롯한 유대인들은 유대인의 혈통으로 태어나야만 하나님 나라에 들어간다고 믿고 가르쳤다. 그런데 예수님이 사실 그게 아니라 믿음으로 주어지는 성령의 거듭남으로 들어가는 것임을 설명해 주신 것이다. 예수님과 니고데모와의 대화는 신학적 대화였다. 니고데모는 '거듭나야 한다'는 예수님의 말씀에 "나이 든 내가 어떻게 다시 태어날 수 있는가? 모태에 다시 들어갔다 나와야 하는 것인가?"라고 질문한다. 영적 거듭남에 대하여 무지한 모습이다. 그때 예수님이 구약의 놋 뱀 사건을 예로 들면서 하나님의 구원의 약속을 믿는 이들에게 성령의 능력이 임해 거듭나게 됨을 말씀해 주신다. 구약의 놋뱀 사건을 예화로 언급하신 것은 니고데모가 구약에 익숙한 랍비라는 것을 염두에 두신 것이다. 니고데모에 대한 예수님의 말씀은 구약 선생의 위치에 있는 이를 깨우치는 맞춤 메시지였다.

반면 요한복음 4장의 사마리아 여인과의 만남에서 예수님이 사용하신 전도 방법은 신학적 개념이 아니라 아주 평범한 '물'이라는 소재였다. 예수님이 사마리아 여인과 접촉하기까지는 여러 가지 장벽이 있었다. 첫째, 민족적인 장벽이다. 유대인과 사마리아인은 서로 원수지간이다. 사마리아인들이 앗수르에 의해 지배받을 때 그들의 사민 정책에 의해 혼혈민족이 되었기 때문이다. 그래서 유대인들은 갈릴리로 갈 때 지름길인 사마리아 지역을 통과하지 않고 관습적으로 요단 동편으로 돌아서 갔다. 둘째, 사회적인 장벽이다. 당시 낯선 남자가 여자에게 대화를 건다는 것은 사회 문화적 배경으로 볼 때 생각도 못 할 일이었다. 좋지 않은 오해를 받기 딱 좋았다. 셋째, 영적인 장벽이다. 예수님은 흠 없는 하나님의 아들이셨고 그 여인은 허무와 방탕 속에 생활하는 여인이다. 이러한 장벽들을 뛰어넘어 대화를 이끄는 길은 단순한 '물'에 대한 이야기를 꺼내는 것뿐이었다. 그러나 예수님의 목적은 단순히 '물'에만 있지 않았다. 목마름을 해결하기 위해 우물로 찾아온 여인에게 육체의 목마름보다 더 근원적이며 실제적인 영혼의 목마름이 있음을 일깨워 주심으로써 예수님이 영원히 목마르지 않은 생명의 물이심을 알려 주셨다. 예수님은 그녀의 과거 삶을 알고 계심으로 신성을 드러내셨고 또한 여인 안에 있는 영혼의 목마름을 직시하도록 하셨다. 이 사건을 통해 예수님은 목마름으로 방황하고 있는 인생들에게 헛된 것으로 해갈하려 하지 말고 진정 채워야 할 것으로 채우는 인생을 살 것을 강조하셨다. 아울러 예수님만이 진정한 해갈의 길로 이끄시는 분이심을 소개하셨다.

누가복음에서 예수님의 맞춤 원리가 뚜렷하게 나타나는 사례는 영생을 얻는 길을 알고자 찾아온 부자 청년 관원과, 같은 유대 백성에게 비난받던 여리고 세리장 삭개오와의 만남이다. 예수님은 어떻게 하면 영생을 얻을 수 있느냐고 찾아온 부자 청년 관원에게는 재산을 다 가난한 사람들에게 나눠주고 나를 좇으라고 요구하셨지만(눅 18:22), 여리고의 세리장 삭개오에게는 네 집에 유하겠다고 말씀하셨다(눅 19:5).

부자 청년 관원은 어려서부터 경건한 삶에 대하여 교육받고 자라났으며 부유함까지 갖추었으니 모든 사람에게 존경과 부러움을 받는 엘리트 관료였다. 외형적인 조건으로는 그를 친구로 삼고 필요할 경우 그 집에 머물기도 하신다면 누구나 예수님이 합당한 사람과 교제한다고 여길 만한 사람이었다. 그런데 이러한 사람에게 예수님은 한 가지 부족한 것이 있다고 지적하시면서 가진 것을 모두 팔아 가난한 사람에게 주고 나를 따를 것을 요구하셨다. 모든 물질을 포기하는 절대적 헌신을 요구하신 것이다. 이 청년 관원은 재물이 많아 근심하며 돌아갔다. 예수님은 부자 청년 관원의 겉모습이 아니라 내면을 보셨고, 그의 내면에는 재물 우상이 있음을 아셨다. 예수님은 사람들이 보지 못하는 시각으로 부자 청년 관원이 숨겨 둔 우상을 드러내신 것이다. 부자 청년 관원은 영생을 얻고자 한다고 말했지만 자신을 포장하는 영적 지식으로서의 영생을 얻고자 한 것이지 예수님과의 올바른 관계를 통해 얻는 영생을 얻고자 한 것이 아니기에 재물을 지키며 살아가는 인생으로 되돌아가고 말았다.

　반면 삭개오는 존경과 부러움이 아니라 비난과 저주를 받는 사람이었다. 그러한 삭개오에게 예수님은 아무 요구도 하지 않으시고 그냥 "네 집에 머물러야 하겠다"고만 말씀하셨다. 유대인의 관습에 따르면 깊은 우정 관계가 아니면 다른 사람의 집에 머물겠다는 표현을 사용하지 않는다. 따라서 삭개오에게 주어진 예수님의 이 말씀은 진정한 친구가 되고 싶다는 의미이다. 예수님이 삭개오의 집에 머물겠다고 하셨을 때 사람들이 수군거린 것은 합당하지 않은 선택이라는 세간의 평가를 보여 준다. 삭개오는 예수님이 친구 관계를 맺어서는 안 되는 사람인데, 사람을 잘못 보고 판단하셨다는 염려도 포함되어 있을 것이다. 그런데 예수님의 말씀을 들은 삭개오는 나무에서 내려와 자신의 재물을 가난한 사람들에게 나누어 주고 다른 이의 것을 강탈한 것에 대하여는 네 배로 갚겠다고 하였다. 자신의 전 재산을 다 포기할 수 있는 결단을 자발적으로 내린 것이다. 예수님이 부자 청년 관원에게 하라고 요구하신 것을 삭개오는 자발적으로 행했다.

　삭개오는 어떤 상황과 내면의 상태였기에 이러한 변화를 경험할 수 있었을까? 나무에 올라간 삭개오는 철없는 청소년이 아니라 당시 유대 사회 속 중년의 공직자라는 것을 염두에 두어야 한다. 삭개오의 행동은 어른답지 않은 우스꽝스러운 행동이며, 이러한 행동 이면에 그의 영적 상태가 잘 나타난다. 삭개오가 나무 위에 오른 것은 키가 작아서 사람들 너머로 예수님을 보기가 어려운 이유도 있었지만, 동시에 사람들의 눈을 피하기 위한 선택이기도 했다. 삭개오가 예수님을 만나기 위해 올라간 나무는 뽕나무라고 번역되었지만, 정확한 정체는 돌무화과나무이다. 돌무화과나무의 열매는 써서 상품성이 떨어진다. 그래서 사람들이 나무 위에 올라가 열매들을 일일이 바늘로 뚫고 올리브기름을 발라 주는데, 그렇게 하면 일반 무화과처럼 단 열매가 되어 먹을 수 있는 상품이 되기 때문이다. 한마디로 삭개오는 지금 나무에 올라 열매에 기름을 바르는 일꾼처럼 자신을 위장하고 있다. 그는 자신을 숨기고 예수님을 보려고 하면서도, 한편으론 사람들이 자신을 알아본다면 큰 창피를 당할 수 있는 위험을 무릅쓰고 나무 위에 오른 것이다.

삭개오는 사람들의 시선까지 잊어버리고 예수님에게 집중했다. 왜 그랬을까? 우리는 중년의 남성이 체면도 잊은 채 열정으로 예수님을 찾고 있는 모습을 통해, 지금 그가 인생의 위기 상황에 있다는 사실을 짐작해 볼 수 있다. 나무 위에 올라 앉아 예수님을 보려고 기다리고 있다는 것은 위기에 처한 구도자의 모습이다. 그는 다른 사람이 알 수 없는 위기에 처해 있었다. 삭개오에게는 세리장이라는 사회적 위치와 많은 재물이 있었지만, 마음엔 평안이 없었다. 삭개오가 지나온 인생은 양심의 가책을 덮어 온 시간이었다. 밤마다 자신의 부정한 행동으로 곤경에 빠진 사람들이 꿈에 나타나 시달렸을지도 모른다. 언제부터인가 돈으로 얻을 수 없는 것이 있다는 생각을 하게 되었고, 자신에게는 삶을 나눌 수 있는 친구가 없다는 것을 발견했을 것이다. 자신이 보이지 않는 감옥에 갇혀 있다는 것을 발견하기 시작했을 것이다. 이러한 내면의 각성과 더불어 또 그가 나무 위에 오르도록 한 계기는 예수님이 당시 사람들에게 "세리와 죄인의 친구"(눅

7:34)라고 불리고 있다는 이야기를 들었기 때문이었을 것이다. 당시 사람들에게 '세리의 친구'라고 불린다면 세리만큼이나 악한 사람으로 생각할 수 있다. 당시 사람들이 '세리와 죄인들'이라는 단어를 고유명사처럼 사용했는데 세리를 앞세운 것은 죄인 중에서 가장 큰 죄인으로 부르고 싶었기 때문이다. 이렇게까지 사람들은 세리를 죄인이라고 부르는데, 예수님은 세리와 같이 부도덕한 일을 하지 않으면서도 '세리의 친구'라고 불린다고 하니 도대체 어떤 분인지 알고 싶었을 것이다.

이렇게 예수님은 어려운 상황에 처해 있는 삭개오에게는 위로와 격려의 메시지를 먼저 던지셨다. 만일 예수님이 삭개오에게 도전과 책망의 메시지를 먼저 던지셨다면 그는 그 말을 감당하기 어려워하며 예수님을 영접하는 관계 속으로 들어가지 못했을 것이다. 반면 부자 청년 관원은 겉으로 볼 때는 경건한 삶을 살았지만 내면적으로는 돈에 사로잡혀 살아갔고, 나아가 돈이 우상이 되어 버린 삶을 살고 있었기 때문에 돈을 청산할 것을 먼저 도전하셨다. 부자 청년 관원에게는 위로와 격려가 아닌 책망과 도전의 말씀을 먼저 하신 것이다. 예수님은 자신을 의롭다 여기는 사람에게는 책망과 도전의 말씀을 먼저 하시고, 자신의 불의함을 깨닫고 어찌할 수 없어 괴로워하는 사람에게는 위로와 격려의 말씀을 먼저 하셨다. 어떻게 보면 불의한 방법으로 재물을 축적한 삭개오에게는 "재산을 다 팔아 가난한 사람들에게 나누어 주라"고 말씀하시고, 어려서부터 경건한 생활을 추구한 부자 관원에게는 "내가 오늘 네 집에 거하겠다"고 말씀하시는 것이 더 합당한 것처럼 보인다. 그러나 예수님은 정반대로 말씀하셨다. 예수님은 두 사람의 진정한 필요와 문제를 아셨기 때문에 그들의 필요에 맞는 말씀을 하신 것이다.

예수님의 메시지는 각 대상에 대한 정확한 맞춤 메시지였다. 예수님이 각 사람에게 접근하시고 초청하시며 대화를 나누신 방법 또한 상대방의 필요에 따라 달리 사용하셨다. 예수님이 각 대상에게 주신 메시지와 사용하신 방법은 그들이 하나님의 은혜와 진리를 대면하도록 이끄시는 것이었다. 은혜를 거부하거나 진리를 대면하기를 완악하게 거절하는 이들이 아니라면 예수님의 맞춤 메시지로 구원에 이르게 되었다. 이처럼 우리의 복음 전도는 예수님이 성육신을 통해 보여주신 것처럼 대상자들의 수준과 필요에 맞는 메시지와 방법으로 이루어져야 한다.

사복음서 : 하나의 이야기에 대한 네 개의 상황화

사복음서는 각기 독자적 관점에서 한 분 예수 그리스도가 누구시며 그분이 행하신 사역의 의미를 다양한 이야기로 전해 준다. 역사적 기록이면서도 엄밀한 연대기적 순서로 기록하지 않은 것은 주제별로 대상에 적합한 메시지로 예수 그리스도를 소개하기 위한 것이다. 사복음서는 각자 독자들의 필요를 저자들이 어떻게 인식하였는지에 따라서 예수 그리스도에 관한 이야기를 기록한 것이다. '하나의 이야기에 대한 네 개의 상황화'[28] 라고 말할 수 있다.

사복음서를 연구하는 이들 가운데 사복음서의 출현이 각각의 복음서가 생겨나게 한 그리스도인 공동체들에 대하여 말하고 있는 것이라고 해석하는 이들이 있다. '마태 공동체' 혹은 '누가 공동체' 등이 존재하였고 복음서의 본문은 이러한 가설적 공동체의 거울이 되는 것으로 해석하기 위하여 구체적인 사회적 장소를 재구성하는 시도로 보는 것이다. 그러나 복음서가 한정된 공동체들에 의해 그들을 대상으로 기록되었다는 개념은 설득력을 잃는다. 도리어 사복음서가 어느 특정한 공동체의 산물이라기보다는 다양한 공동체들 안에 있는 보다 넓은 '대상 청중(Target Audience)'을 염두에 두고 기록되었다는 해석이 더 설득력 있다.[29] 사복음서 중에서 마태·마가·누가복음이 공관복음서로 알려진 것은 예수님의 이야기를 '땅에서부터' 시작하여 예수님과 아버지 하나님과의 관계를 서술하여 하늘로 이끌고 올라가는 공통의 관점 때문이다. 요한복음은 이와 달리 '하늘에서부터' 시작하여 땅으로 이끌고 내려온다. 하나님의 아들이 성육신하셔서 십자가에 이르기까지 낮아지심을 증거한다. 이렇게 공관복음과 요한복음을 다른 관점으로 기록하게 하신 이유는 하늘 하나님의 아들이시면서 또한 사람의 아들이신 예수님의 정체성에 대한 사람들의 혼돈을 차단하기 위함이다. 예수님은 신성과 인성을 구분할 수 없는 분이시기에 '하늘의 관점과 땅의 관점' 어느 쪽에서 접근하든지 온전한 이해로 나아갈 수 있도록 돕는 것이다.

또한 이러한 구분 외에도 사복음서는 각기 선택한 고유한 네 종류의 대상을 향하여 그 대상에게 적합한 각기 다른 방식으로 동일한 한 분 예수 그리스도를 설명하고 있다. 마태복음은 가장 조직적인 방식으로 예수님을 약속된 유대인의 왕으로서 하나님 나라와 그 의를 가르치시는 분으로 소개한다. 구약의 예언 성취와 유대인과 교회의 관계를 통해 예수님의 왕

되심을 증거하는 것을 볼 때 유대인을 염두에 두고 기록했음을 알 수 있다. 유대인 대다수는 예수님과 복음의 메시지를 거부하였다. 그럼에도 천국은 도래하였으며 완전히 이루어질 것을 선포하고 있다. 마가복음은 마태복음의 '가르침 중심'의 기록과 달리 '행동 중심'의 기록이다. 가장 극적으로 기록된 20개의 기적 기사와 치유 기사들은 마가복음의 3분의 1을 구성하며, 처음 열 개 장의 절반을 이룬다. 마가는 이러한 기적들로 인하여 예수님을 영광 받으시기보다 고난받는 종으로서의 역할로 설명하면서 자기 목숨을 많은 사람의 대속물로 주시는 분(막 10:45)으로 소개한다. 누가복음은 예수님의 이야기를 '한 편의 객관적인 역사'로 전한다. 잃어버린 자를 구원하러 오신 구원자로서의 예수님을 전하면서도 구원의 수단인 '십자가'에 대한 강조보다는 '하나님의 구원 계획'에 나타난 하나님의 자비하심과 광대하심에 초점을 둔다. 마가복음과 비교할 때 누가복음에는 내러티브의 수많은 변화가 나타나지만, 그에 따르는 정치적·지리적 배경이 세심하고 충실하게 기록되어 있다. 이 기록들은 증명할 수 있는 객관적 사실들을 믿음의 근거로 삼는 이들을 대상자로 고려했다고 볼 수 있다. 한편 요한복음은 가장 신학적인 기록으로, 예수님을 아버지와 연합하여 행동하시는 분, 하나님이 보내신 분으로 설명한다. 성육신에 대한 선언에서부터 일곱 표적에 관한 서술과 여러 대화를 통하여 예수님의 유일성과 독특성을 강조한다. 공관복음서가 '하나님 나라'를 강조하는 것과 달리 요한복음은 '영생'을 주제로 한다(요 17:3). 요한복음에서 또 중요한 요소는 '성령'에 대한 자세한 언급이다.

리처드 A. 버릿지(Richard A. Burridge)는 사복음서를 각기 고유한 내용과 방식으로 예수님의 사명과 사역을 소개하는 네 가지 초상화로 설명했다.[30] 마태복음은 예수님을 가르치고 설교하시는 탁월한 교사, 즉 '새로운 모세'로서 사역하셨음을 강조한다. 마가복음은 십자가의 고통받는 길을 걸으심으로써 그를 따르는 이들에게도 사역 현장에서 묵묵히 십자가의 길을 걷도록 초청하시는 예수님의 사역에 초점을 둔다. 누가복음은 예수님의 연약하고 소외된 이들에 대한 목양적인 사역에 초점을 둔다. 즉 가난한 자와 연약한 자들을 돌보시고 당시 사회에서 버림받은 여인들과 유대인이 아닌 이방인들에게 초점을 두고 사역하시는 분으로 예수님을 소개한다. 요한복음은 하나님의 신적인 영원한 생명을 나누어 주시는 사역을 강조한다.[31]

사복음서는 예수님의 사명과 사역에 대한 네 가지 초상화를 보여 주면서 동시에 우리의 사명과 사역이 어떻게 예수님을 닮은 모습이어야 하는지를 보여 주기도 한다. 모나 D. 후커(Morna D. Hooker)는 사복음서의 도입부가 각 책의 내용을 이해하는 데 어떻게 결정적인 도움을 주는지를 주장함으로써 각각의 복음서가 독특한 대상을 염두에 두고 기록되었다는 것을 설득력 있게 설명하였다.[32] 사복음서의 도입부가 대상을 이해하게 해주고 대상에 맞춤화된 내용이 나올 것을 기대하게 한다는 것이다. 제일 먼저 쓰인 마가복음은 드라마라는 문학 양식을 통하여 극장에 있는 것 같은 상상을 하도록 도와준다. 마태복음은 마치 학교에 있는 것 같은 상황을 통해 교과서를 읽도록 해주며 마태는 선생의 역할을 하고 있다고 주장한다. 누가복음이 마가복음, 마태복음과 다른 점은 가장 문학적으로 탁월한 기술로 예수님의 생애와 제자들의 선교 속에 성령께서 활동하셨음을 강조하는 것이다. 요한복음은 세상이 창조되기 전인 '태초'부터 일하시는 하나님의 역사 속에서 영광 가운데 나타나신 예수님을 소개한다. 사복음서의 저자들은 유사한 본문을 전하지만 복음에 대한 매우 다른 네 가지 해석을 제공한다. 분명한 것은 목적이 같다는 것이다. 예수님의 사역과 죽음과 부활에 대한 이야기를 통해 그분에 관한 기쁜 소식을 전하는 것이다. 단지 서문을 통하여 각기 다른 관점으로 사복음서를 보도록 도와주는 것이 차이점일 뿐이다.[33]

사복음서가 이렇게 다양한 관점으로 예수 그리스도를 소개하는 이유는 역사 속에서 수많은 사람이 다양한 관점과 문제의식으로 예수님을 바라볼 것이기 때문이다. 예수 그리스도를 전하기 위해서는 예상되는 모든 문제 제기들에 대하여 미리 기록해 두어야 했을 것이다. 그런 의미에서 예수 그리스도와 복음에 대한 사복음서의 이야기는 교회적(ecclesia)이며, 선교적(missional)이며, 변혁적이다(transformational).[34] 사복음서는 모두 복음 전도의 목적을 가지고 다양한 대상을 염두에 두고 기록된 전도지였다. 이는 역사 속에서 예수님을 바로 알기 원하는 모든 이의 질문에 대하여 사복음서를 통해 변증적인 맞춤 설명이 가능하도록 성령님이 역사하신 것이다.

여러 사람에게 여러 모양으로 전도한 바울

바울의 탁월함은 구약과 전승을 상황 속에서 다양하고 적절하게 해석하는 데서 나타난다. 바울이 구약을 어떻게 다양한 이방인 청중들에게 해석하여 적용하였는가는 그의 서신서들에 잘 나타난다.

우선 바울이 이방인들에게 복음을 전할 때 성경을 인용하는데, 이때 구약 성경의 헬라어 번역인 70인역을 사용하였던 점을 주목해야 한다. 바울은 히브리어와 아람어까지 잘 알고 있던 사람이었다. 하지만 인용의 대부분을 헬라어 번역을 사용한 것은 바울의 해석학적 시도이다. 70인역을 사용한 것은 성경을 사용할 때 구약의 단어 표현을 유연하게 다룸으로써 인용 구절을 교회의 특정한 필요에 더 잘 맞도록 하기 위해서였다. 바울의 상황 지향적 성경 사용은 그가 구약의 어느 부분을 인용하고 있는지 뿐만이 아니라 어떻게 인용하고 있는지와도 연관된다. 대부분의 인용은 로마서, 고린도전후서, 갈라디아서에 나타난다. 반면 데살로니가전후서, 빌립보서, 골로새서, 빌레몬서에는 전혀 나타나지 않는다. 이것은 대상과 상황을 고려하여 성경의 인용 여부를 결정하였기 때문이다.[35]

바울의 맞춤 메시지의 탁월함이 나타난 사례는 비시디아 안디옥의 회당에서의 설교(행 13:13-52)와 아덴 아레오바고 광장에서의 설교(행 17:16-34)에 대비되어 나타난다. 비시디아 안디옥 회장에서의 설교는 사도행전에 기록된 바울의 첫 번째 전도 설교이다. 바울이 비시디아 안디옥에 도착했을 때 그곳에 거주하고 있는 디아스포라 유대인 공동체를 발견한다. 그 가운데는 "입교한 경건한 사람들"(행 13:43)과 "하나님을 경외하는 사람들"(행 13:16, 26)이라고 불리는 그룹들도 있었다. 바울이 그들에게 복음을 전하기 위해 찾은 접촉점은 "율법과 선지자의 글"이다(행 13:14-15). 바울은 그들을 '이스라엘 백성' '아브라함의 자녀'로 부르며 하나님의 가족으로 여긴다. 바울 자신도 디아스포라 유대인의 한 사람으로서 같은 유대인의 성경과 이스라엘의 하나님을 예배하는 틀 안에서 복음을 전한 것이다.

바울의 회당 설교는 그들과 자신이 친숙하게 공유하고 있는 하나님의 선택으로부터 시작하여 다윗을 일으키시며 하나님의 왕국을 세우신 이야기로 시작한다. 예수님의 오심을 구약의 전체 이야기의 성취로 제시하고자 함이다. 이를 위해 이스라엘에 대한 하나님의 약속들을 상기시킨다. 그 핵심으로서 하나님이 다윗의 후손으로 메시아를 보내신다는 약속을 성취하셨다는 것을 강조한다. 구약의 본문들을 인용하며 때로 몇 개의 구약 본문들을 연속적으로 엮어 언급하기도 한다.[36] 바울의 맞춤전도 설교는 사도행전 13장 38-41절에서 절정에 이르는데 예수께서 나무에 달렸다가 살아나셨고, 썩지 않는 몸으로 높임을 받으셨기에 이제 '너희에게' 용서와 의롭게 함을 얻게 되었다는 메시지를 선포한다. 또한 하박국 선지자의 예언(합 1:5)을 인용하며 강한 경고를 더하며 결론을 맺는다. 심판의 위험을 경고한 하박국의 호소를 하나님이 보내신 메시아를 인정하지 않는 이스라엘의 불신앙에 대한 경고로 이용한 것이다. 이처럼 바울의 비시디아 안디옥 회당에서의 설교는 디아스포라 유대인들에 대한 맞춤전도적 설교로서 복음을 상황에 맞게 전달한 중요한 사례이다.

한편 바울의 아레오바고 광장에서의 설교(행 17:16-31)는 신약성경에서 찾아볼 수 있는 가장 탁월한 맞춤전도 설교이다. 비시디아 안디옥의 회당에서의 설교처럼 구약의 예언들에 대한 직접적인 인용이 전혀 등장하지 않으며 도리어 당시 유행하던 헬라 시인의 시구 "… 너희 시인 중 어떤 사람들의 말과 같이 우리가 그의 소생이라 하니"(행 17:28b)가 등장하기도 한다. 그러나 여러 헬라 철학 체계의 토대를 이루고 있었던 '제1원리'로부터는 어떠한 논증도 끌어오지 않는다.[37] 그러한 논증은 도리어 복음을 왜곡시킬 위험이 있었기 때문이다. 바울은 성경의 계시를 토대로 하여 자신의 메시지를 설명하고 변증할 뿐이다.[38]

아덴에 있던 여러 우상의 제단 중 "알지 못하는 신"(행 17:23)에게 드려진 제단을 이용하여 창조주 하나님을 전한 것은 맞춤 메시지의 절정이다.[39] 바울은 22절에서 아덴 사람들에게 "…아덴 사람들아 너희를 보니 범사에 종교심이 많도다"라고 말하는데, 이것은 우상 숭배하고 있는 이들의 행위를 인정한 것이 아니다. '너희가 어떻게 우상을 숭배하는가' 하고 책망한 것도 아니다. 대신 그들의 보편적 종교성을 인정하는 태도로 그들에게 공감해 줌으로써 마음의 문을 열려는 언급으로 이해해야 한다. 23절에 바울은 "내가 두루 다니며 너희가 위하는 것들을 보다가…"라고 말하고 있다. 이는 그가 서둘러 복음을 전하기보다 먼저 두루 다니며 아덴의 종교적·문화적 상황을 관찰했음을 보여 주고 있다. "…알지 못하는 신에게라고 새긴 단도 보았으니…"(23절)라고 했는데, 이것은 그들이 혹 모르고 있는 신이 있어 미처 단을 세우지 못했는데 행여 그 신이 섭섭해하여 자신들을 저주할까 두려운 마음에서 세운 것이다. 바울은 그들에게 복음을 전할 접촉점으로 그들이 만들어 놓은 '알지 못하는 신'을 선택했고 자신은 그들이 '알지 못하는 신'을 설명하려고 한다는 방식으로 접근한 것이다. 그들이 알지 못하는 신은 우주와 그 가운데 있는 만물을 지으신 하나님, 천지의 주재이신 하나님이시며 손으로 지은 신전에 계시지 않으며 자신이 지으신 사람들로부터 어떤 것도 바라지 않는 분이시다(행17:24-25).

바울은 이처럼 구약의 이야기를 전혀 모르는 사람들에게는 구약을 인용하지 않고 당시의 문화로부터 재료를 찾아 복음을 전하고, 구약의 이야기에 익숙한 유대인들에게는 회당을 중심으로 구약을 성취하신 그리스도를 전하였다. 국제적인 전도 사역자 레베카 피펏(Rebecca Manley Pippert)은 바울의 전도 전략의 맞춤 원리에 대하여 다음과 같이 말하였다.

> 바울은 성경적 세계관을 가지고 성장한 이들과 그렇지 않은 이들에게 복음을 전파할 때의 차이를 알았다. 가령 데살로니가의 유대인들에게 복음을 변호할 때, 그는 치열한 논리와 합리적 논증으로 그들의 흥미를 자극했고, 구약성경에서 가져온 그들의 논거에 근거하여 주장을 펼쳤다(행 17:1-8). 하지만 이교적인 아테네에서 바울의 접근 방법은 사뭇 달랐다. 바울은 그들의 관심을 사로잡기 위해 이교도 예언자들의 말을 인용했다. "너희 시인 중 어떤 사람들의 말과 같이 우리가 그의 소생이라"(행 17:28). 우리도 똑같이 행하는 법을 배워야 한다. 우리는 종종 기독교적인 배경이 전혀 없는 사람들에게 다가가면서 공통의 성경적 틀 안에서만 작동하는 주장으로 그들을 공략하려고 애쓴다. 그런 다음 사람들이 왜 이해심이나 관심을 갖고 응답하지 않는지 의아해한다.[40]

바울의 맞춤 원리는 다음 말씀에 잘 나타나 있다.

> 율법 없는 자에게는 내가 하나님께는 율법 없는 자가 아니요 도리어 그리스도의 율법 아래에 있는 자이나 율법 없는 자와 같이 된 것은 율법 없는 자들을 얻고자 함이라 약한 자들에게 내가 약한 자와 같이 된 것은 약한 자들을 얻고자 함이요 내가 여러 사람에게 여러 모습이 된 것은 아무

쪼록 몇 사람이라도 구원하고자 함이니(고전 9:21-22)

여기에서 "율법 없는 자"란 율법을 전혀 모르거나 율법의 구속력에 한 번도 접해 보지 않은 사람들이다. 이러한 사람들에게 복음을 전할 때는 자신이 마치 율법을 전혀 모르는 사람처럼 되어서 그들의 입장에서 전하였다는 것이다. 그렇다고 율법의 원리 자체를 부정하였다는 뜻은 아니다. 바울이 이스라엘 백성이 모세를 통해 받은 구약의 율법은 언급하지 않았더라도 하나님이 율법을 주신 목적 곧 스스로 의롭게 될 수 없는 인간의 상태를 지적하는 메시지는 다른 설명을 통하여 전하였을 것이다. "율법 있는 자"란 율법을 알며 율법의 구속력 아래 살아가고 있는 유대인들을 말한다. 이들에게는 율법의 중요성과 본래 의도를 설명하면서 율법의 요구를 이루신 그리스도를 전파하였다.

바울에게 있어서 그리스도의 십자가는 문화적 차이들을 상대화시키지만, 그것들을 제거하지는 않는다. 예수님을 믿음으로 그리스도인이 되는 순간 문화적 정체성이 사라지지는 않는다는 것이다. 각 문화의 특수성을 인정하면서도 또한 그 문화가 특권이 되어서는 안 된다. 그래서 율법과 유대 문화를 절대화하려고 하는 이들에 대하여는 그것을 상대화시키는 태도를 취하고, 복음이 전해지는 데 긍정적으로 작용한다면 문화적 독특성을 긍정하고 그것을 활용함으로써 균형을 이루려고 했다. 그래서 우상에게 바쳐졌던 고기를 먹는 것에 대한 논쟁에서 "유대인에게나 헬라인에게나 하나님의 교회에나 거치는 자가 되지 말고"(고전 10:32)라고 권고한다. 모든 성도는 문화적 독특성에 대하여는 존중하여야 하나 그 문화가 복음에 불필요한 장벽이 되도록 해서는 안 된다는 것이다.

문화의 특수성과 상대성 사이에서 바울이 추는 미묘한 춤은 복음을 상황
화하는 과업을 위해 많은 함축된 의미를 지닌다. 왜냐하면 어떤 단일한
문화적 표현도 궁극적인 것이 아니고, 복음은 문화와 환경의 다원성 안
에 자유롭게 살아 움직인다. 하지만 하나님이 모든 문화에 가치를 부여
하는 까닭에, 그리고 복음은 문화적 고향으로부터 분리된 추상적인 개념
으로는 들려질 수 없기에, 하나님은 유대인에게는 유대식으로, 헬라인에
게는 헬라식으로, 필리핀 사람에게는 필리핀식으로, X-세대에게는 X-
세대식으로 말씀하신다. 우리는 긴장의 양쪽 끝을 붙잡고 있어야만 한
다. 우리가 복음을 표현하는 것은 문화적 구체성을 가져야 하지만 문화
에 묶여서는 안 된다.[41]

바울이 여러 사람에게 여러 모양이 된 것은 카멜레온식의 이중적 태도
가 아니다. 효과적인 복음 전파를 위해 대상자 중심의 맞춤전도를 실행하
였기에 나타난 것이다. '여러 사람에게 여러 모양'이라는 바울의 맞춤전도
전략은 그의 제자들에게 주는 지침에도 나타난다. 바울은 디도에게는 할
례받지 않도록 하였으나 디모데에게는 할례받도록 하였다. 이는 전혀 일
관성 없는 방침처럼 보이지만 바울은 '여러 사람에게 여러 모양'이라는 일
관성 있는 방침을 지킨 것이다. 바울이 안디옥교회에 참여하면서 헬라인
개종자들이 급증하게 되었을 때 유대인 형제들이 이방인의 할례 문제를
거론하였다.

어떤 사람들이 유대로부터 내려와서 형제들을 가르치되 너희가 모세의
법대로 할례를 받지 아니하면 능히 구원을 받지 못하리라 하니(행15:1)

바울은 이에 대하여 할례를 구원의 조건에 포함시킨다면 예수 그리스
도의 십자가 고난에 의한 구원의 의미를 잃어버린다는 것을 강조하며 이
에 저항하였다. 바울은 이 십자가의 복음을 지키기 위해 베드로도 책망하
였다(갈2:14). 결국 이러한 문제로 A.D. 49년 예루살렘에서 총회가 열렸고,
베드로의 변론과 야고보의 중재로 할례가 구원의 조건이 될 수 없다는 점
에 합의가 이루어졌다.

총회가 끝나자 바울은 실라를 데리고 제2차 전도 여행을 떠났다. 그리
고 루스드라에서 디모데라는 젊은이를 만났는데 거기서 바울은 디모데
에게 할례를 행하게 한다. 디모데의 아버지가 헬라인이었기 때문이다(행
16:1-3). 할례 문제 때문에 베드로를 책망하였던 바울이 디모데에게는 할
례를 받게 한 것은 할례가 구원의 조건이라고 생각해서가 아니다. 디모데
가 앞으로 자신을 도와 사도적 직무를 행할 때에 전통적인 유대인들이 행
할 수 있는 공격들로 인하여 권위를 상실하고 에너지를 낭비하는 일을 예
방하기 위해서 한 것이다. 그런데 바울은 디도라는 사람에게는 정반대로
할례를 받지 않도록 하였다(갈2:3). 그 이유는 교회 안에 들어온 '거짓 형제
들' 때문이다. 그들은 복음을 온전히 깨닫지 못하고 할례를 받아야 구원을
받는다고 주장하는 자들인데 디도가 그들의 거짓된 가르침에 넘어가지
않고 할례를 받지 않음으로써 복음을 분명하게 나타내고자 한 것이다.

바울은 아직 복음을 모르는 유대인들이 전도 대상일 때는 불필요한 일

로 거부감을 주지 않기 위해, 또한 할례 문제 때문에 복음에 대해 평가절하하거나 유대교보다 수준 낮은 것으로 판단하지 못하도록 세심한 주의를 기울였다. 즉 그들이 중요하게 여기는 할례의 예를 갖춘 다음에 복음을 전하는 접근 방법을 취한 것이다. 그러나 반대로 이미 복음을 듣고 믿는다고 하는 자들이 할례를 구원의 조건으로 생각하고 요구할 때에는 할례를 받지 않도록 조치했다. 복음의 내용을 변질시킬 때는 과감히 저항하여 할례를 받지 않도록 하고 복음이 전해지도록 하기 위해서는 할례를 선택한 것이다. 이처럼 바울은 복음을 전할 때 대상자의 수준과 필요에 적합하게 전한 것이다.

딘 플레밍은 바울의 서신서들 안에서 복음을 상황화하기 위해 바울이 신학적 언어를 얼마나 유연하게 사용하는지를 잘 관찰하여 정리하였다.[42]

❶ 바울의 서신서에는 다양하고도 풍부한 단어들이 나온다. 이러한 다양성은 그리스도 사건을 복합적 상황들에 맞게 해석할 여지를 주었다. 예를 들어 그리스도의 죽음의 의미를 표현하는 데 있어서 바울은 어떤 하나의 정형화된 방법만 고집하지 않았다.

❷ 바울은 같은 이미지도 상황의 요구에 따라 다양한 방법으로, 다른 강조점으로 표현할 수 있었다. 1세기에 수치스러운 오명이었던 십자가의 상징도 고린도전서에서는 세상 지혜와 자랑에 반대하는 '하나님의 어리석음'으로 표시되었고, 갈라디아에서는 율법과 그 저주로부터 해방의 도구(갈 2:19-20), 빌립보서에서는 그리스도인의 겸손과 순종을 위한 모델(빌 2:5-8), 에베소서에서는 유대인과 이방

인의 분리의 장벽을 무너뜨리는 파쇄기(엡 2:14-16), 골로새서에서는 적대적인 세력에 대한 승리의 장소(골 2:15)로 묘사하고 있다.

❸ 바울의 신학화의 상황적 차원은 왜 어떤 서신서들에 나타났던 한 가지 지배적인 상징이나 주제가 다른 서신서들에서는 그렇게 나타나지 않는지를 설명해 준다. 바울은 어떤 신학적 주제나 이미지들이든지 그가 글을 쓰는 대상 공동체들의 삶의 세계 속에서 복음을 성육신시킬 수 있는 것이라면 자유롭게 이용한다.

❹ 바울의 융통성은 전통적인 표현과 이미지들을 취해서 성령의 인도 아래 그것들을 재상황화할 수 있도록 하였다. 이것은 유대교 예배 용어들과 관련하여 자주 일어나는데 예를 들어 '할례'라는 단어를 차용하여 그리스도의 죽음과 신자들에게 주는 구원의 은유적 의미로 사용하였다(골 2:11). 진정한 할례는 더 이상 외적인 유대 의식이 아니라 하나님의 내면적 사역이며 마음의 문제이다(롬 2:28-29; 빌 3:3).

바울의 맞춤전도 원리는 언제나 특정한 대상을 염두에 두고 그들에게 가장 적합한 방법으로 진리 가운데로 이끄시는 성령님의 인도하심을 따른 사역이다. 전도자가 선교적 상황화를 통해 대상에게 맞춤 메시지를 전할 수 있도록 이끄시는 분은 성령님이시다. 바울의 사역은 구약과 신약을 서로 연결하는 신학적 다리 역할을 하였을 뿐만 아니라, 유대인과 이방인을 서로 연결하는 선교적 다리 역할을 하였다. 아무리 거센 포스트모더니즘의 도전일지라도 사도행전의 바울처럼 복음을 대상자에게 맞춰 전한다면 누구도 그 복음 전도를 결코 무너뜨릴 수 없다는 것을 보여 주는 증거이다.

예수님과 사도 바울의 복음 전도를 통해 살펴볼 때 복음 전도에 있어서 대상에 따른 맞춤화가 필요한 이유를 세 가지로 정리할 수 있다.

첫째, 복음이 가지고 있는 다면적인 요소 때문이다. 복음은 단 하나의 개념만으로는 설명할 수 없는, 하나님 나라의 신비를 품고 있는 이야기이다. 예수님은 이러한 하나님 나라의 신비를 다양한 비유를 통해 설명하셨다. 하나님이 그리스도 안에서 우리를 대신하여 죽으심으로 이루신 대속은 다양한 이미지로 표현될 수 있다. 사도 바울도 그리스도의 대속의 복음을 설명할 때 당시 사람들이 이해할 수 있는 다양한 언어로 설명하였다. '화목'(Propitiation)은 성전 의식에서 보여 주는 대속을 설명하고, '구속'(Redemption)은 시장의 상거래에서, '칭의'(Justification)는 법적인 절차 속에서 그리고 '화해'(Reconciliation)는 가정 속에서의 경험을 통해 대속을 설명한다.[43]

어느 시대든 복음의 능력과 아름다움은 다양한 방식으로 표현될 수 있다. 또한 단 한 번의 대화 속에 복음의 모든 내용을 완벽하게 전달하는 일은 불가능하다. 복음의 어느 요소를 대상자의 어느 필요와 연결하여 복음의 능력 안으로 초청하는 방식으로 전해져야 한다. 어떤 사람들은 새로운 시대에 맞는 새로운 복음이 있어야 한다고 주장하는데 복음은 대체될 수 없는 불변의 진리이다. 불변의 진리를 변화하는 시대에 맞게 전달하는 데 실패한 것뿐이다. 윌리엄 템플(William Temple)은 다음과 같이 선언하였다.

복음은 언제 어디서나 진리이다. 그렇지 않다면 그것은 전혀 복음이 아니든지 전혀 진리가 아니다. 각 세대의 다양한 조건에 따라 변하는 것은 복음을 제시하는 방법이지 복음의 내용이 아니다.[44]

복음의 중심 진리는 십자가에서 죽으시고 부활하셔서 살아 계신 그리스도 그분 자신이시다. 그리스도께서 살아 계시기에 복음이 전해질 때는 살아 계신 그리스도의 성품과 그분이 택하신 성육신적인 방법들이 나타나야 한다. 그리스도께서 중심이 되시는 복음은 만물을 구속하시는 하나님의 구원 계획을 나타내는 것을 목적으로 한다. 하나님은 예수 그리스도의 복음으로 하나님과 깨어진 관계 속에 있던 인간과 만물을 새 하늘과 새 땅으로 회복시키신다. 그 복음이 각 사람에게 전해질 때는 복음을 듣는 사람의 상황과 필요에 따라 구체적으로 영향을 미친다.

둘째, 복음이 각 영혼에게 전해질 때의 경험이 각기 다르기 때문이다. 복음이 전해질 때 사람들이 경험하는 것은 하나님 나라의 구원 계획의 큰 그림 가운데 극히 일부분일 뿐이며, 각 사람이 깨닫는 복음은 자신이 처한 상황과 문제에 적합한 측면뿐이다. 교회는 전도를 실행하면서 예수님을 믿는 이들에게 그들이 깨달은 복음보다 더 크고 풍성한 하나님 나라의 구원 이야기를 함께 들려주어야 한다.

존 P. 보웬(John P. Bowen)은 복음에는 하나님의 구원 계획이라는 매크로(macro) 측면이 있고, 복음이 각 영혼에게 역사할 때의 매크로 측면이 있다는 것을 표3으로 정리했다.[45] 이 표는 복음을 대상자들에게 맞춤화하여 전달할 때 고려해야 할 여러 가지 요소를 잘 나타낸다. 복음의 매크로 측면은 하나님께서 역사 속에서 구원을 위해 행하신 일들이 서로 긴밀히 연결되어(약속-성취, 상징-실체 등) 하나의 거대한 이야기(Meta-history)를 이루는 것을 의미한다.

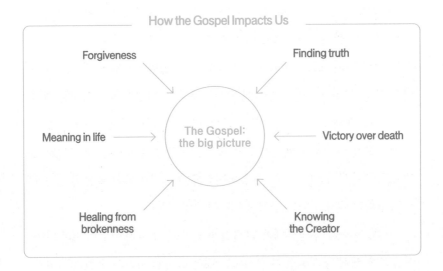

표3 The Micro and the Macro of the Gospel

어떤 이는 복음을 통해 절대적인 진리를 발견함으로써 하나님 나라를 만난다. 어떤 이는 삶의 의미를 추구함으로써 하나님 나라를 만난다. 어떤 이는 깨어진 마음의 상처로부터 치유를 경험하면서 하나님 나라를 만난다. 어떤 이는 창조주를 알게 되면서 하나님 나라를 만나고, 어떤 이는 한 없는 사랑으로 베풀어 주시는 용서를 경험함으로써 하나님 나라를 만난다. 또 어떤 이는 죽음을 극복함으로써 하나님을 만난다. 각 사람이 처한 상황과 문제에 따라 다른 주제로 하나님 나라를 만나지만 이 모든 것이 복음 안에 내포되어 있는 매크로의 한 측면들이다. 따라서 복음을 전할 때는 복음의 매크로 측면들이 각 사람의 필요와 어떻게 연결되는지 파악하여 맞춤으로 전해야 한다. 그리고 궁극적으로 복음에 나타난 하나님 나라의 큰 그림으로 초대해야 하며 하나님 나라의 이야기 속에서 자신의 인생 이야기가 해석되도록 인도해야 한다. 초대교회 때부터 현대에 이르기까지 복음 전도가 얼마나 열매 맺을 수 있는가는 대상자들이 가지고 있는 질문들에 전도자들이 어떻게 신실하게 응답하는가에 달려 있었다. 전도자들이 자신이 전하고 싶은 내용과 방식으로 하는 전도는 열매를 맺기 힘들다. 대상자들이 가진 필요에 초점을 두고 그들이 꼭 들어야 하는 복음의 측면을 강조하여 전할 때 열매를 맺게 된다.

셋째, 효과적인 복음 전도가 이루어지기 위해서 충족되어야 할 세 가지 요소는 참여(presence) – 선포(proclamation) – 설득(persuasion)인데, 이 순서는 아래로부터 위로 쌓여 가는 전도의 삼층집이다.[46] 참여 과정이 진실성 있게 이루어진다면 그것을 토대로 하여 선포 – 설득의 과정이 더 효과적으로 이루어질 수 있다. 참여 과정에는 용납, 이해, 사회적 친밀감, 선행 등이 포함되며 이 단계를 뛰어넘는 것은 튼튼한 1층 없이 2층과 3층으로 올라가려는 것과 같기에 복음 전도가 실패할 가능성이 높다.

맞춤전도는 이전에 전도 방법론이 간과하기 쉬웠던 참여 과정을 보완함으로써 전도의 세 가지 요소를 충실하게 이룰 수 있게 한다. 전도 사역에 있어서 의미 있는 열매를 맺지 못하는 이유는 많은 경우 제일 앞서 진행되어야 할 참여의 단계에서 실패하기 때문이다. 이는 예수님이 죄인과 자신을 동일화하시고 성육신 하신 것처럼 전도 대상자들의 입장에서 그들이 느끼는 문제를 함께 느끼고 그 상황 속에 함께 참여함으로써 복음을 어떻게 전해야 할 것인가를 결정하고 또 복음을 듣는 대상자들의 마음의 문을 열게 하는 데 필수적인 과정이다.

chapter 4.
맞춤전도의 신학적 근거 —
삼위일체 하나님의 맞춤 원리

　　세상 속에서의 교회의 전도 사역은 인간을 구원하시기 위해 일하신 삼위일체 하나님의 맞춤 원리에 부합해야 한다. 맞춤전도의 신학적 근거는 삼위일체 하나님이 세상을 구속하시기 위해 일하시는 과정에서 나타나는 '맞춤의 원리'에서 찾을 수 있다.

　　하나님은 우리를 사탄의 권세와 죄로부터 구원하시기를 간절히 원하셨다. 그래서 하나님이 어떤 분이신지에 대하여 인간에게 나타내시되, 우리의 연약한 수준에 맞추어 조금씩 더 구체적으로 나타내셨다. 이러한 하나님의 자기 계시와 구원을 위해 일하시는 방법을 가리켜 '맞춤의 원리(Principle of Accommodation)'라고 한다. 천지를 창조하시고 인간을 하나님의 형상대로 지으셔서 창조의 면류관으로 세우신 하나님은 타락한 인간을 구원하시기 위하여 역사 속에서 신비로운 섭리로 일하셨다. 그 섭리의 역사는 타락한 인간을 찾으시며 추적하시는 하나님이 예수 그리스도의 성육신으로 세상에 오시기까지 다양한 시대와 문화 속에서 자신을 제한하시고 낮추시는 맞춤의 원리로 계시하신 역사이다. 따라서 '맞춤'이란 삼위일체 하나님이 지극히 작은 존재인 인간과 지극히 크고 무한하신 분 곧 하나님 사이의 거대한 간격에 다리를 놓은 사건이다. 이것은 창조, 타락, 성육신 전과 후의 모든 역사를 정확하게 바라볼 수 있게 하는 렌즈와 같다. 하나님이 그렇게 행하시는 목적은 궁극적으로 구원을 위한 것이므로 하나님의 맞춤은 은혜의 한 부분이다.

자신을 낮추시며 인간의 눈높이에 맞추시는 하나님

하나님은 인간을 하나님의 형상대로 자유의지를 가진 존재로 창조하심으로 모든 피조물을 다스릴 수 있는 통치 능력을 부여하셨다. 그런데 인간은 의도적인 불순종으로 반역자의 길을 선택하였다. 자비와 은혜가 풍성하신 하나님은 반역자의 위치에 서 있는 인간을 사랑하셔서 구속하시고 화해하기 위하여 타락한 인간의 수준에서 그들과 함께 일하시는 길을 택하셨다. 구약 성경의 역사에서 하나님은 미성숙하고 이기적인 사람들과 함께 일하신다. 이는 세상을 구속하시고 그들을 하나님께로 돌이키게 하시려는 더 높은 계획을 이루고자 하심이다. 하나님이 이러한 방법을 택하신 이유는 타락한 인간이 하나님이 일하시는 방법들과 그 마음을 더욱 깊이 이해할수록 그분의 풍성하신 사랑을 더욱 깊이 깨닫고 하나님께로 돌이킬 수 있기 때문이다.

성육신하신 예수 그리스도의 구속 사역은 하나님의 맞춤 사역의 절정으로 완전한 구원 계획을 이루는 통로이다. 성령님은 하나님이 구원하기로 작정하신 모든 영혼에게 복음을 믿게 하시려고 시대와 문화와 필요에 따라 복음을 대상의 상황과 필요에 맞는 표현으로 증거하신다. 전능하시며 영원하신 하나님이 시간과 공간 속에 존재하는 인간에게 자신을 나타내시고 구원을 위해 행하신 일들을 말씀하시기 위해서는 인간의 제한적인 이성과 경험과 문화에 자신을 맞추셔야 했다. 어느 시대 어떤 상황에 있는 인간이든지, 인간은 하나님의 완전한 계시를 받아들일 준비가 될 수 없기 때문이다. 그래서 하나님은 성경을 통해 인간에게 말씀하실 때 인간의 수준에 맞추어 인간의 생각, 방식, 어법, 관습과 문화를 취해 말씀하신다. 하나님은 타락한 인간을 멸망으로부터 구원하시기 위하여 자신의 허리를 굽혀 낮추시고 인간의 수준으로 자신을 맞추기를 기뻐하셨다.

맞춤의 원리는 때로 이해하기 어려운 하나님의 특정한 명령이나 허용이 왜 주어졌는지 이해할 수 있도록 도와주는 해석 원리가 된다. 문자적인 관점으로만 성경을 읽으면 마치 하나님이 원하시는 것처럼 보이지만, 하나님의 본래 의도는 다른 것일 수가 있는데, 이 경우에는 하나님이 맞춤의 원리로 계시하신 것이다.[47] 구약과 신약이 서로 일치하지 않는 듯한 말씀들도 맞춤의 원리로 설명될 수 있다. 구약의 역사 속에서는 맞춤의 원리로 계시를 주셨으나 신약의 역사 속에서 본래의 분명한 뜻을 계시하셨기 때문에 하나님의 뜻이 일치하지 않는 것처럼 보이는 것이다.

종교개혁가 칼뱅은 하나님의 맞춤 원리에 대하여 깊은 관심을 가지고 성경 해석과 신학의 중심 원리로 삼았다. 칼뱅에게 있어서 하나님이 인간의 한계와 필요에 자신의 계시를 맞추신 원리가 성경 해석과 신학의 중심이라고 해도 과언이 아니다. 칼뱅의 신학에 나타난 맞춤의 원리를 연구한 포드 루이스 배틀즈(Ford Lewis Battles) 교수는 '아버지'와 '교사'와 '의사'로서 나타나는 하나님의 맞춤 원리에 대한 칼뱅의 설명을 지적했다.

칼뱅도 바울처럼 사람이 타락하기 전에도 창조자와 거리가 먼 피조물로 본다. 칼뱅은 인간의 언어가 그 간격을 넘어서기에 완전히 부족하다고 본다. 그러므로 칼뱅은 하나님을 바라보며 세 가지 성경적 주제를 두드러지게 나타낸다. 첫째, 하나님은 우리의 아버지이시고 모든 인간 부모를 뛰어넘는 신성한 부모이시다. 둘째, 하나님은 우리의 교사이시며 제자를 잘 아신다. 셋째, 하나님은 우리의 의사시며 우리의 질병을 능수능란하게 진단하신다. 따라서 처음부터 우리에게는 세 가지 비유가 있다. 부모의 돌봄, 교사의 지도, 의사의 치유이다. 약하고 경험이 없는 어린이, 무지한 학생, 질병에 시달리는 환자가 하나님의 세 가지 역할에 대응한다.[48]

부모가 유아 단계의 자녀와 대화할 때는 성숙한 성인들의 언어를 사용하지 않고 어린 자녀의 화법에 맞추어 대화한다. 어린 자녀가 이해하도록 하기 위해 때로 사물의 이름을 바꾸어 다른 단어로 부르기도 한다. 하나님이 모든 좋은 것을 창조하시고 나서 아담을 제일 나중에 창조하신 것은 아기가 태어나기 전에 필요한 모든 것을 준비하는 부모의 선한 마음을 보여 주신 것이다. 우리는 하나님이 신실하게 보호하고 양육하시는 그분의 자녀이다. 하나님은 친히 자기 자신을 아버지로 부르게 하심으로 우리에게

서 모든 불신을 제거하신다. 아버지의 사랑보다 더 큰 사랑은 어느 곳에서도 찾을 수 없기 때문이다.[49]

　교사 역시 학생을 가르칠 때 학생 수준에 맞게 자세를 낮추고 눈높이를 맞추어 지도한다. 탁월한 교사는 교과 내용을 학생의 수준에서 출발하여 교사 자신이 원하는 수준의 이해에 이르도록 이끈다. 이러한 교육의 효과를 위해서는 교사 자신이 먼저 스스로 낮아지지 않으면 안 된다. 하나님은 인간에게 진리를 가르쳐 주시기 위하여 교사로서 학생 수준으로 자신을 낮추셨다. 아타나시우스는 하나님이 훌륭한 교사가 학생들을 대하듯 사람들의 수준으로 자신을 낮추시고 단순한 수단을 사용해 가르치신다고 하였다.

　　그분은 훌륭한 교사가 학생들을 대하듯, 사람들의 수준으로 자신을 낮추고 단순한 수단을 사용해 이들을 가르치신다. 그래서 바울은 이렇게 말한다. '하나님의 지혜에 있어서는 이 세상이 자기 지혜로 하나님을 알지 못하므로 하나님께서 전도의 미련한 것으로 믿는 자들을 구원하시기를 기뻐하셨도다'(고전 1:21). 인간은 위에 계신 하나님을 깊이 생각하는 일에 등을 돌렸고, 정반대 방향인 피조물 가운데서, 오감으로 인지할 수 있는 것 중에서 하나님을 찾고 있었다. 인간을 사랑하시는 분이자 만인 공통의 구주이신, 하나님의 말씀께서는 큰 사랑으로 친히 한 몸을 취하셔서 인간들 사이에서 인간으로 움직이시면서, 말하자면 어느 정도 이들이 오감으로 인지할 수 있는 분이 되어 주셨다. 그분 자신이 감각의 대상이 되셨으며, 그리하여 오감으로 인지할 수 있는 것들에서 하나님을 찾는 이들로 하여금 하나님의 말씀이신 그분이 인간의 몸을 가지고 하신 일을 통해 진

리이신 아버지를 추론하여 알 수 있게 하셨다.[50]

초대교회의 어거스틴도 《고백록》에서 그리스도를 우리의 유일하신 진리의 교사로 고백하였다. 《고백록》에서 그는 가르치시는 그리스도에 대하여 고백하였다.

그래서 그리스도는 복음서에서 육신을 통하여 그렇게 말씀하신 것입니다. 그의 음성은 밖으로 사람들의 귀에 들리게 하여 그를 믿게 하고, 안으로는 그를 찾게 하여 영원한 진리 안에서 그를 만나게 합니다. 그 영원한 진리 안에서 그 좋고 유일하신 교사는 그의 모든 제자를 가르치는 것입니다. 오, 주님, 나는 거기에서 나에게 말씀하시는 당신의 음성을 듣습니다. 그것은 우리를 가르치는 교사가 말씀하시기 때문입니다.[51]

그리스도는 하나님 나라에 대하여 가르치시고 복음을 전파하시고 병자들을 고치셨다. 그리스도께서 병자의 질병을 고치신 것은 하나님이 신성한 의사이심을 가르쳐 주시기 위함이다. 칼뱅은 그리스도의 십자가를 천국의 의사이신 하나님이 영적 질병을 치료하는 도구로 보았다.

하늘의 의사이신 하나님이 어떤 사람은 좀 더 부드럽게 치료하시고, 또 어떤 사람들에게는 좀 더 고통스런 치료법을 사용하시지만, 그의 목적은 모든 사람을 치료하는 데 있다. 그러나 하나님이 손을 대시지 않고 그냥 내버려 두시는 사람은 하나도 없다. 왜냐하면 한 사람도 예외 없이 모든 사람이 병에 걸려 있다는 것을 하나님이 잘 알고 계시기 때문이다.[52]

참된 의사는 병자의 질병을 정확하게 진단하고 그 원인으로부터 출발하여 병을 치료한다. 환자마다 병의 원인이 다르며 증상도 예후도 다르므로 참된 의술이란 철저하게 개별 맞춤이 되어야 한다. 하나님은 위대한 의사로서 모든 영혼의 문제를 한꺼번에 다루시지 않고 한 영혼 한 영혼 개별적인 맞춤 치료를 행하신다.

하나님의 맞춤 원리는 성경의 계시가 인간에게 주어질 때 인간의 인지 역량의 수준, 죄로 오염된 인간 사회의 도덕적 수준에 맞춤으로 나타난다. 이러한 하나님의 맞춤은 그리스도의 성육신에서 절정을 이룬다. 성육신은 구약 역사 속에 나타난 하나님의 모든 맞춤의 원리가 지향하였던 목적이 성취되는 사건이다. 그리스도의 성육신을 통한 맞춤은 그리스도의 부활과 승천 이후 선교의 영으로 오신 성령님이 복음을 순수하게 전하는 그리스도의 종들을 통하여 지금도 계속해서 이루시고 있다.

인간의 인지 역량을 맞추시는 하나님

하나님이 인간의 인지 역량에 맞추신 계시는 성경의 첫 페이지에 나오는 창조 기사부터 시작된다. 인간이 볼 수 있는 모든 세상이 하나님의 전능하신 능력으로 창조되었다는 것을 계시하실 때 하나님이 인간의 눈높이에 맞추어 말씀해 주시지 않았다면 인간은 창조를 믿을 수 없었을 것이다. 타락한 인간의 이성으로는 믿기 어려운 창조이지만 기록된 말씀을 통해 믿음을 가질 수 있도록 설계된 언어로 말씀하신 것이다.

창조 기사는 현대의 천문학 수준에 맞춘 것이 아니라, 모세 시대 당시 독자들의 수준에 맞추어 성령의 영감으로 기록된 것이다. 창조 기사에서 천사의 창조는 언급조차 되지 않았다. 창조된 세상 모든 것을 과학적으로 설명하려고 하지 않았으며 꼭 필요한 내용만 압축적으로 언급하였다. 하나님은 과학이 발달한 이후에도 하나님이 당대 과학적 수준에 맞추어 표현하셨음을 인간이 충분히 이해할 것이라고 생각하셨다. 이는 천동설을 믿고 있던 과학적 수준의 여호수아 시대에 태양이 잠시 멈춘 것으로 말씀하신 것(수 10:12)과 마찬가지 원리이다. 이는 성경이 과학에 무지한 시대 사람에 의해 쓰여진 책이라는 증거가 아니라, 하나님이 당시의 과학적 수준에 맞추어 기록하게 역사하셨다는 증거이다.

'신인동형론'(anthropomorphism)은 하나님이 자신을 계시하실 때 인간의 인지 역량에 자신을 맞추시는 대표적인 계시 방법이다. 마치 하나님이 입, 귀, 눈, 손, 발이 있는 것처럼 묘사하시는 것이다. 이런 말씀들은 아이를 키우는 어머니가 그 자녀에게 유아의 인지 역량에 맞추어 설명하는 것처럼 하나님에 대한 지식을 우리의 미약한 역량에 맞추신 것이다. 신인동형론과 연계되어 나타나는 중요한 표현이 '하나님께서 후회하셨다'는 것이다.[53] 이를 접할 때 우리는 인간들이 흔히 하는 후회의 감정을 떠올릴 것이다. 하나님도 무엇인가 잘못된 행위를 하심으로써 돌이키고자 하시며, 하나님의 뜻은 형편에 따라 얼마든지 변화될 수 있는 것처럼 오해할 수 있다. 그러나 역사를 섭리하심에 있어서 나타나는 하나님의 작정하심은 영원한 것이며 동시에 후회가 없으신 것이 분명하다. 그럼에도 이런 표현을 사용하신 이유에 대하여 칼뱅은《기독교 강요》에서 이렇게 설명한다.

'후회하심'이란 말은 대체 무슨 뜻인가? … 우리가 연약하여 하나님의 그 높으신 상태에까지 도저히 미치지 못하기 때문에, 우리에게 하나님을 묘사할 때에는 우리의 역량에 맞추어 묘사함으로써 우리로 하여금 이해할 수 있도록 할 수밖에 없기 때문이다. 그런데 그렇게 우리에게 맞추어 표현할 때에, 하나님께서는 그 자신 본연의 모습 그대로가 아니라 우리에게 비쳐지는 모습대로 자신을 표현하는 방법을 사용하시는 것이다. … '후회'란 단어를 하나님께 적용시킬 때는 단순히 그의 절차가 바뀐다는 의미일 뿐인 것이다. 그러나 한편 하나님의 계획이나 그의 뜻은 번복되지 않으며, 그의 의지도 바뀌지 않는다. 아무리 사람의 눈에 갑자기 변화가 생긴 것처럼 보일지라도, 하나님께서는 영원 전부터 미리 보시고, 승인하시고 작정하셨던 바를 전혀 변함없이 일관성 있게 이루어 나가시는 것이다.[54]

예수님이 주기도문에서 기도를 통해 하나님을 알려 주실 때 "하늘에 계신 우리 아버지"로 표현하셨다. 이 말은 하나님이 '하늘에 갇혀 계신다'는 뜻이 아니다. 오히려 하나님은 어느 특정한 지역에 국한되어 존재하지 않으신다는 뜻이다. 예수님은 '하늘'이라는 단어를 통해서 하나님께 대하여 땅이나 육신의 생각을 하거나 우리의 좁은 기준으로 하나님을 측정하지 않도록 이끄신 것이다. 예수님이 제정해 주신 '성만찬' 또한 맞춤의 적절한 예이다. 그리스도와 그분의 몸 된 지체들의 신비한 연합을 기억하고 체험할 수 있는 방도를 알려 주실 때 무형의 영적인 제도로 주지 않으시고 물리적인 의식의 체험을 통하여 주셨다. 믿음을 먹음으로 이해할 수 있는 제도적 장치를 마련해 주신 것이다. 음식을 먹을 때 음식이 육체와 하나로 연합되듯이 그리스도를 믿는 믿음은 그분의 몸의 일부로 연합됨을 깨달게 하신다. 이는 그리스도와의 연합이라는 영적 신비를 떡과 잔에 참여하는 먹고 마시는 육체적 체험에 넣으셔서 인간의 인지 역량의 수준에 맞추어 주신 것이다.

인간의 도덕 수준과 문화에 맞추시는 하나님

하나님은 구원의 진리를 계시하시는 역사 속에서 인간을 다루실 때 진리를 온전히 깨닫고 받아들이지 못하는 인간의 도덕적 문화적 수준에 맞추어 주셨다. 고대 시대에 일부일처제가 진리라는 것을 알지 못하고 아무런 죄의식이 없이 일부다처제를 당연한 것으로 여기며 살고 있었던 사람들이 있다. 이러한 사람들에게 계시하실 때 하나님은 먼저 그들에게 하나님의 진리에 합당하게 일부일처제로 바꿀 것을 요구하지 않으셨다. 일부다처제의 수준으로 살아가는 것은 오랜 세계관의 혼동과 문화적 악습으로 굳어진 것이므로 하나님의 구원 계시를 완성하시는 더 중요하고 긴급한 계시를 위하여 일시적으로 허용하시면서 그들과 만나 주신 것이다. 일부다처제를 하나님이 용인하신 것이 아니라 사람들이 생각하고 판단하는 도덕적인 수준에 맞추어 주심으로써 하나님이 사람들 속에 개입하시는 목적을 우선적으로 이루셨던 것이다. 예수 그리스도의 온전한 구속으로 인하여 성령의 생명의 역사가 없이는 하나님의 진리의 계시를 온전히 깨달을 수 없는 인간의 연약함에 대하여 자신을 낮추시고 맞춤으로 대하신 것이다.

구약에 나타난 하나님은 우리의 수준으로 만나 주신다. 창세기 18장에서 아브라함이 여행자였을 때 하나님은 세 명의 여행자의 모습으로 나타나셔서 자녀가 태어날 것을 말씀하셨다. 여호수아 5장 13-15절에서는 이스라엘 백성이 여리고를 정복하기 전에 여호수아에게 군대 대장의 모습으로 나타나셨다. 이 전쟁에 하나님이 친히 사령관이 되어 싸우신다는 것을 보여 주신 것이다. 하나님은 왜 야곱에게 싸우는 자로 찾아오셨을까? 그것은 야곱이 지금까지 평생 주변 사람들과 싸우면서 살아왔기 때문이다. 하나님이 이스라엘 백성에게 십계명을 주신 이유도 십계명을 지킴으로 구원 얻을 수 있다는 말씀이 아니라 십계명 앞에서 인간이 얼마나 죄인인지를 깨닫고 그리스도의 십자가 앞으로 나아오도록 하시기 위함이다. 하나님은 모세 시대만이 아니라 모든 역사 속에서 인간의 타락한 문화 수준에 맞추어 핵심적인 뜻을 계시하셨다. 그래서 십계명은 물론 구약의 모든 의식법과 제사법이 그리스도 안에서 성취되었어도 도덕법으로 여전히 우리에게 역할을 하고 계실 수 있는 것이다.

하나님이 역사 속에서 맞추신 사례는 이스라엘 백성이 가나안 정복 전쟁에 들어가기 전에 가나안 땅을 정탐한 사건에서도 찾아볼 수 있다. 가나안 정탐은 본래 하나님의 아이디어가 아니다. 하나님은 이미 그 땅을 주셨으므로 들어가 정복하라고 말씀하셨다. 그러나 백성이 두려워 모세에게 와서 정탐꾼을 먼저 보내 그 땅을 살펴보도록 해달라고 하였다(신 1:22). 그 결과 열두 명의 정탐꾼 중 열 명은 정탐을 통해 두려움에 빠졌고 여호수아와 갈렙 두 사람만 하나님의 약속에 대하여 믿음으로 응답하였다. 가나안 정탐을 하나님이 허용하신 것은 그 백성의 연약한 믿음의 수준에 맞추어 일하신 것이다.

하나님은 인간들이 연약한 믿음의 수준대로 행하도록 허용하심으로써 더 큰 교훈을 깨닫게 하신다. 하나님이 이스라엘 백성에게 왕정 제도를 허락하신 것도 연약함에 맞춰 주신 것이다. 이스라엘 백성은 사무엘에게 "우리에게도 왕을 세워 주셔서 다른 모든 나라처럼 왕이 우리를 다스리게 해 주십시오"라고 요청하였다. 사무엘이 불편한 마음으로 기도하였을 때 하나님의 응답은 "백성들이 원하는 대로 왕을 세워 주라"는 것이었다. 하나님은 그 이유를 이렇게 설명하셨다. "백성들이 네게 하는 말을 다 들어 주어라 그들이 너를 버린 것이 아니라 나를 버려 내가 그들의 왕인 것을 거부하는 것이다"(신 8:7, 우리말성경). 하나님은 하나님이 왕 되신 나라의 축복을 알지 못하고 이방 나라들처럼 되기를 원하는 백성에게 왕 제도를 허용하심으로써 그들의 수준에 맞추시고 그 왕들 중에서 다윗과 같은 왕이 나게 하심으로 메시아의 오심을 준비하도록 하셨다.

하나님이 허용하신 이혼도 인간의 완악한 도덕적 수준에 맞추어 주신 사례이다. 이혼은 하나님이 남자와 여자가 하나 되게 하신 결혼을 깨는 악이다(창 2:20-24; 말 2:15). 그런데 모세의 율법에 이혼을 허락하고 이혼증서를 주도록 한 제도가 있다. 이것은 인간의 완악함 때문이며 부당한 이유로 이혼당한 여인들을 보호하기 위해서였다(마 19:7-9).[55] 이러한 제도는 결혼에 대한 하나님의 궁극적인 뜻이 아님에도 인간의 연약함, 무지, 완악함에 대한 하나님의 은혜로운 낮아지심과 맞추심의 한 부분이다.

하나님이 인간의 연약하고 완악한 도덕적 수준에 맞추어 주신 사례들은 죄 가운데 살면서도 스스로 죄인임을 깨닫지 못하는 이들에게 교회가 어떠한 태도로 다가가야 하는지를 깨닫게 하는 중요한 원리이다. 교회는 불신자들에게 먼저 삶의 변화를 요구하며 교회로 나오라고 요청하기보다는 그들의 현재 처한 상황을 이해하고 맞추어 줌으로써 그들에게 복음을 들을 수 있는 기회를 마련해 주어야 한다. 그리고 공동체 안에서의 교제를 통해 삶의 변화를 스스로 이루어 갈 수 있도록 도와주어야 한다.

성육신으로 완성하신 하나님의 맞춤

성육신은 아버지, 교사, 의사로서 자신을 나타내신 성부 하나님이 자신을 인간에게 맞추심의 절정이다. 성육신하신 그리스도는 단지 하나님에 대한 은유가 아니라 온전한 하나님이 온전히 인간이 되신 것이다. 온전한 하나님은 인간의 언어나 문화로는 표현이 불가능하지만, 성육신하신 그리스도는 온전히 인간이시기에 인간의 언어와 문화로 표현할 수 있다. 하나님이 성육신을 통해 자신을 인간에게 맞추어 물질과 시간과 인간 사회에 들어오심으로 인간의 인지 역량에 응답하실 뿐만 아니라 인간이 하나님을 정확하게 알 수 있도록 계시하신 것이다.

말씀이신 하나님이 인간의 몸을 취하셔서 나타나심은 그분의 본성에 합당하기 때문이 아니다. 도리어 그분은 말씀이시기에 몸 없이 존재하시는 것이 본성에 합당하다. 그럼에도 하나님은 왜 인간의 몸을 입고 나타나셨는가. 아버지 하나님의 사랑과 선하심으로 우리 인간을 구원하기 원하시는 오직 한 가지 이유 때문이다. 태초에 피조물을 창조하신 바로 '그 말씀'께서 피조물을 새롭게 하며 구원하신다. 인간은 하나님이 주신 축복의 동산에서 의도적인 불순종으로 스스로 악의 세계를 선택했다. 이로써 인간은 사망의 법 아래 존재하게 되었고, 하나님이 창조하신 상태에 머물면서 영원한 생명으로 살 수 있는 길을 잃어버렸다. 칼뱅이 말한 대로 인간의 마음은 죄악의 공장이 되었다. 하나님은 하나님의 형상대로 창조된 인간이 이러한 상태에 있게 된다는 것을 허락하실 수 없었다. 또한 형벌로 죽음이 내려진 인간에게 죽음을 그냥 눈감아 주듯이 취소해 줄 수도 없었다. 인간의 상태는 스스로 돌이켜 해결될 수 있는 상태가 아니었다. 인간이 이러한 상태에서 벗어나는 것은 오직 태초에 무에서 만물을 창조하신 말씀이신 그분만이 하실 수 있는 일이었다.

이 목적을 위해 말씀이신 그분이 인간의 몸을 취하여 세상으로 들어오셨다. 자신이 창조하신 피조물이 멸망하지 않도록 하시며 또한 그분께서 하신 일이 헛된 것으로 돌아가지 않도록 하시려고 우리와 똑같은 몸을 입으셨다. 세상을 창조하셨으며 세상에 존재하는 모든 것을 주장하고 계셨던 그분이 인간에 대한 사랑으로 우리의 눈높이로 자신을 낮추셔서 세상에 들어오신 것이다. 영지주의자들의 가현설(docetism)의 주장처럼 잠깐 몸으로 나타난 것처럼 보인 것이 아니라 우리와 같은 완전한 몸을 취하셔서 다시는 취소되지 않는 성육신을 행하신 것이다. 완전한 몸의 죽음이 아니고는 인간의 전적인 부패가 제거될 수 없음을 아셨기 때문이다.

말씀이신 그분은 죽으실 수 없는 분이었기에 죽음이 가능한 인간의 몸을 취하셔서 모든 사람을 대신하여 죽으셨다. 그분의 십자가 죽음으로 모든 인간에 영향을 미치는 죽음은 그 위력을 잃었다. 우리는 그분의 죽음과 부활에 연합한 자가 되어 영원한 생명을 누리게 되었다. 이렇게 놀라운 일을 행하시는 사랑의 하나님을 알려 주는 일은 인간 중 가장 훌륭한 누군가가 할 수 있는 일이 아니다. 오직 인간의 몸을 입고 나타난 분만이 하실 수 있는 일이다. 그분은 탁월한 교사가 학생을 가르치듯 인간의 수준으로 자신을 낮추셨다. 이로써 사람들은 오감으로 그분을 인지할 수 있게 되었다. 그분이 인간의 몸을 가지고 하신 일을 통해 하나님을 알 수 있게 되었다.

> 인간의 사고력이 결국 오감으로 인지할 수 있는 일들만 생각하는 수준으로 하락했을 때, 말씀께서는 한 몸을 입고 나타나는 것을 감수하셨으니, 이는 인간으로서 그분이 사람들의 지각을 자신에게 집중시키고, 인간으로서 행한 일들을 통해 자신은 인간일 뿐만 아니라 하나님이요, 참되신 하나님의 말씀이자 지혜라는 사실을 사람들에게 확신시키기 위해서였다.[56]

맞춤전도의 신학적 근거는 예수 그리스도 안에 나타난 하나님의 맞춤 원리에 있다. 인간을 구원하신 하나님은 친히 인간의 수준으로 내려와 자신을 낮추시고 구원의 대상이신 인간에게 맞추는 하나님이시다.

chapter 5.

맞춤전도의 선교적 근거—
성육신에서 상황화까지

관계 형성은 맞춤전도의 선과제

미국 IVF 전도 책임자를 역임한 릭 리처드슨(Rick Richardson)은 교회가 포스트모던 시대의 불신자들을 전도하기 위하여 거쳐야 할 과정을 5단계로 제시하였다.[57]

① 우정 관계를 형성하고 기도하는 단계 (Build Friendships and Pray)

② 영혼을 깨우는 행사를 주최하는 단계 (Hold Soul-awakening Events)

③ 불신자를 구도자 공동체로 이끄는 단계 (Draw Pre-Christians into Seeking Community)

④ 불신자를 회심으로 도전하는 단계 (Challenge Pre-Christians to Conversion)

⑤ 새신자들이 변화로 나아가도록 돕는 단계 (Help New Christians into Transformation)

리처드슨이 제시한 전도 모델이 기존의 전통적인 전도 모델과 다른 것은 불신자들을 회심으로 도전하기 전에 구도자 공동체로 먼저 이끄는 단계를 거치도록 제시한다는 것이다. 구도자 공동체에서 이루어지는 가장 핵심적인 일은 '하나님을 탐험하는 그룹들(Groups Investigating God:GIGs)'[58]을 통해 자신의 문제와 필요를 공동체에 드러내고 하나님과 자신과의 관계를 탐험하는 일이다. GIGs를 통한 핵심 전도 전략은 복음을 제시하여 회심에 이르게 하는 과정에 있는 대상자들의 필요를 소그룹을 통해 파악하고, 복음과의 접촉점을 발견하여 돕는 데 있다.

혁신적인 선교적 교회 모델을 추구하였던 마크 드리스콜(Mark Driscoll)도 전통적인 복음 제시와 공동체 형성의 순서를 바꾸는 혁신적인 전도 패러다임을 주창하였다. 그는 사영리나 전도폭발 같은 복음 공식을 전하여 결신으로 이끈 후에야 교회 공동체로 이끄는 전통적인 전도방법론이 개혁되어야 한다고 주장하였다. 그는 교회 공동체로 먼저 소속하게 하여 복음을 제시하는 패러다임을 제안하며 이를 '레포미션(Reformission)'이라는 단어로 표현하였다. 그가 주창한 레포미션에서 교회가 복음 제시와 공동체로의 이끄는 일을 표4에 정리했다.

전통적인 복음전도 예수님을 믿고 난 후 교회에 소속	레포미션 복음전도 교회에 먼저 소속된 후 예수님을 믿음
복음의 내용 소개	신자와 불신자 간에 진실하고 영적인 우정 관계 형성
복음을 들은 사람은 예수님을 믿을지 결정해야 함	불신자들은 신자들의 믿음과 열린 사역들을 보며 그 속에 참여
만약 긍정적인 결정을 내리면 교회는 이 사람을 공동체의 일원으로 받아 줌	복음은 우정으로 형성된 관계 속에서의 말과 행동을 통해 자연스럽게 제시
그 후 이 사람과도 우정 관계가 형성됨	예수님을 향한 회심을 경험함
회심자는 문화와 분리된 채 사역하며 섬기도록 훈련받음	교회는 친구의 회심을 축하하고 기뻐함

표4 레포미션 복음 전도

전통적인 전도 패러다임은 어떤 전도 대상자를 만나더라도 사영리와 전도폭발과 같은 복음 제시를 제일 먼저 시도하고 복음을 받아들인 이들에 한하여 공동체로 초대한다. 개인적인 관계 형성이나 공동체의 준비도 없이 복음 제시를 먼저 한 후에 받아들인 사람들을 대상으로 관계 형성을 시도하고 그 후에 공동체가 받아들인다. 그러나 레포미션에서는 먼저 전도 대상자를 공동체 안으로 초대하고 관계 형성을 한 후에 복음을 제시한다. 신앙 고백을 확인한 후에 공동체의 교제로 초대될 수 있다는 고정

관념을 깨뜨리고 관계 형성을 기반으로 공동체 안에서의 커뮤니케이션을 통해 믿게 한다는 철학은 전도에 있어서 혁신적이다.[59] 이러한 전도 철학은 교회가 먼저 복음을 제시하기 전에 공동체 형성을 통해 전도 대상자들의 필요와 문제 그리고 그들이 처한 사회적 상황을 깊이 이해하고 그들에게 최적화된 맞춤 메시지와 섬김으로 복음을 전할 수 있기에 매우 효과적이다. 이러한 전도 이론은 마크 드리스콜이 설립한 마스힐교회(Mars Hill Church)의 성장을 통해 증명되었으며, 앞으로도 교회들이 적용할 수 있는 전도 철학이다.[60]

마이크 브린(Mike Breen)은 그의 저서 *Leading Missional Communities*에서 마크 드리스콜의 레포미션과 비슷한 원리로 '미셔널 커뮤니티(Missional Community)'를 제시한다.[61] 미셔널 커뮤니티는 전도를 목적으로 한 확장된 가정의 모델이며 신약성경의 '오이코스(Oikos)'[62]를 가리킨다. 미셔널 커뮤니티는 교회가 복음증거의 사명을 가진 오이코스로서 재발견되도록 이끄는 것을 목적으로 한다. 교회 공동체 안에서 20-40명의 성도들로 구성된 사람들이 특별한 전도 대상자를 위한 관계를 형성하고 생활 속에서 함께 제자도를 실천하는 공동체로서 복음을 증거하는 일에 헌신한다.

미셔널 커뮤니티는 단순한 이벤트가 아닌 함께 삶을 나누는 가운데 전도하는 것을 목표로 한다. 여기에는 다음과 같이 다섯 가지 특징이 있다. 첫째, 함께 식사하기(Eating Together), 둘째, 함께 놀이하기(Playing Together), 셋째, 함께 사명 행하기(Going on Mission Together), 넷째, 함께 기도하기(Praying Together), 다섯째, 정보 공유하기(Sharing Resources)이다. 이 다섯 가지를 통해 미셔널 커뮤니티는 규칙적으로 만나 제자도를 훈련하며 함께 사명을 실행한다.[63] 먼저 놀이와 식사 등을 통해 교제하고 공동체를 형성한다는 면에서 미셔널 커뮤니티는 레포미션과 맥락을 같이 한다. 이러한 구체적인 실행은 교회 전체를 사명 공동체로 체질을 전환시키며 전도와 선교가 공동체의 나머지 기능들을 형성하도록 촉진시킴으로써 선교적 교회로 변화되게 한다.

마크 드리스콜과 마이크 브린의 이러한 두 전도 이론은 복음을 전하는 이들 중심이 아니라 복음을 듣는 대상자 중심이라는 면에서 맞춤전도라고 할 수 있다. 또 복음 제시 이전에 공동체 형성을 먼저 제안하고 그들에게 적합한 상황에서 적합한 메시지를 전하려고 한다는 공통점이 있다. 전통적인 전도 방법론을 뒤집는 이러한 시도들의 공통점은 공동체를 통해 관계 형성을 먼저 이룬다는 것이다. 이를 통해 관계를 형성하고 대상자들의 필요를 정확하게 파악하여 그들에게 맞춤 메시지를 전하고 맞춤 돌봄을 제공할 수 있다는 것이다. 이러한 모델들이 추구하는 전도 사역에서 관계 형성의 목적은 대상자 맞춤전도를 실행하려는 것이므로 넓은 의미에서 맞춤전도의 사례라고 볼 수 있다.

이러한 사례들에도 불구하고 전통적인 전도학에서는 대상자 중심적인 전도 이론과 실제를 찾아보기가 힘들다. 대부분 전도의 당위성과 중요성을 강조하는 문헌들이 주를 이루며, 생활 속에서 자연스럽게 관계 형성을 통해 복음을 전해야 한다는 이론조차도 어떻게 실천할 수 있는지 구체적인 방법론에 대하여는 명확하게 언급되어 있지 않다. 관계 형성이 필요한 것은 맞춤화된 전도를 위해서인데 대개 관계 형성의 중요성에 대한 연구에 그칠 뿐 대상자에 맞춤화된 전도 메시지와 맞춤화된 전도집회를 어떻게 실행할 수 있는지에 대한 연구는 찾아보기 어렵다.

선교의 상황화와 맞춤전도

선교학에서의 '선교적 상황화(Missional Contextualization)'[64]이론은 하나님의 맞춤 원리에 근거하여 맞춤전도에 대한 이론적 기초를 제공한다. '선교적 상황화'란 복음은 모든 상황에 맞아떨어지고 모든 사람에게 동일하게 전달될 수 있도록 고착된 어떤 공식으로 축소될 수 없다는 점에 기인한다.

권위 있는 선교신학자 데이비드 J. 헤셀그라브(David J. Hesselgrave)에 따르면 상황화란 '지상명령을 수행하기 위해 관련되는 모든 종류의 행위, 예컨대 성경 번역, 해석과 적용, 성육신적 삶의 방식, 전도, 양육, 교회 개척과 선교, 예배 방식 등을 언어 혹은 비언어로 신학화하는 것'이다.[65] 지상명령을 수행하는 모든 종류의 활동에 적용되지만 특히 전도에 있어서 상황화는 절대적이라고 말할 수 있다. 복음은 모든 민족에게 전해질 수 있도록 언어와 이미지와 다양한 방식으로 표현하고 적용하도록 허용되었다. 따라서 새로운 문화적 상황에서 복음을 전할 때는 그 문화에 합당하고 유연하게 표현해야 한다. 만일 그러한 선교적 상황화에 실패하면 복음을 진정으로 이해시키기 어렵고, 실천할 수도 없다. 헤셀그라브는 복음이 문화에서 또 다른 문화로 전해지는 과정에서 성경의 문화를 포함하여 세 가지 문화 안에서 성령님의 사역이 일어난다고 하였다.[66]

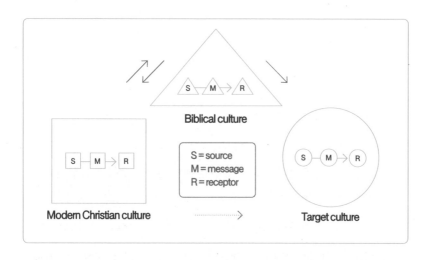

표5 The Three Culture Models

표5에서 세모꼴인 성경 시대의 문화가 현대의 어느 문화로 전해졌을 때 그 문화는 세모꼴이 아닌 네모꼴로 전해진다. 그리고 현대의 또 다른 어떤 문화로 전해질 때 그 문화는 동그라미꼴의 문화로 전해진다. 지구상의 누군가가 듣고 믿고 만나는 기독교는 그 지역의 역사적 · 문화적으로 상황화된 기독교이다. 상황화된 기독교라고 해서 복음의 본질이 변질되었다는 말이 아니다. 하나님이 사람이 되시는 성육신이 언제나 존재하기 때문이다. 성육신은 기독교가 상황화되는 것을 두려워할 필요가 없다는 것을 알려 주시는 것이다.

문화인류학자이자 선교학자인 폴 히버트(Paul Hiebert) 박사는 상황화는 복음 전달에 있어서 매우 중요하며 가치 있고 꼭 필요한 과정임을 강조한다. 또 상황화에 있어서 놓쳐서는 안 되는 핵심적인 사실은 복음은 어떤 문화 속에서도 상황적으로 표현된 것과 동일시될 수 없으며 또한 동일시되어서도 안 되는 것이라고 말한다. 폴 히버트는 헤셀그라브의 모델과 유사한 모델을 표6과 같이 '비판적 상황화(Critical Contextualization)'의 유형으로 제시하였다.[67]

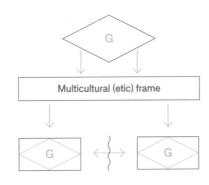

표6 Critical Contextualization

복음은 다른 문화로 전해질 때마다 그 본질이 변하지 않지만, 문화의 표현 방식은 달라진다. 반대로 문화의 표현 방식을 바꾸지 않고 다른 문화에 복음을 전하려 할 때는 문화가 도리어 장애물이 되어 복음이 효과적으로 전달되지 않거나 변질된다. 이렇게 복음이 다른 문화로 전해질 때 일어나는 선교적 상황화에서도 위험은 따른다. 복음의 진정한 표현이 아닌 다른 결과를 초래할 수 있는 위험이 언제나 존재한다. 그러나 이는 피할 수 없는 위험이며 이러한 위험을 무릅쓰지 않는 선교와 전도는 존재할 수 없다. 딘 플레밍(Dean Flemming)은 이러한 위험을 무릅쓰고도 진행될 수밖에 없는 상황화의 중요한 의미에 대하여 잘 지적하였다.

오늘날 상황화 신학을 할 때에도 여전히 복음의 진정한 표현이 아닌 다른 결과를 초래할 수 있는 진짜 위험은 존재한다. 어쩌면 다양성에 대해 전적으로 저항하면서 단순히 다른 시대와 장소에서 발견된 특정한 기독교 교리들을 암기하고 재활용하는 것이 더욱 안전할 수 있을 지도 모른다. 우리는 심지어 우리가 시도하고 복음을 이야기하는 방식들이 시대를 초월한 순수한 복음의 표현이라고 믿고 싶은 유혹에 빠질 수도 있다. 그것은 우리가 단지 자신을 속이는 것일 뿐이다. 모든 신학은 초대교회의 신조들로부터 시작해서 현대의 '사영리'에 이르기까지 모두 다 상황화된 신학이다. 모든 신학화 작업은 우리가 그것을 의식하든 안 하든 간에 특정 장소와 관점으로부터 행해진다. 상황화 신학은 단순히 바람직한 것이 아니라 신학할 수 있는 유일한 방법이다.[68]

동일한 문화권에서 복음을 전하는 전도 사역에 있어서도 상황화 신학은 반드시 필요하다. 전도 대상자들의 살아온 방식과 문화 그리고 필요가 다르기 때문이다. 더욱이 다음 세대는 디지털 문화라는 전혀 다른 세계에서 자라나고 있기에 반드시 상황화가 요구된다.

복음 전도의 역사에 있어서 나타난 다양한 이야기는 한 가지 전체를 관통하며 지지하는 이야기(Over-arching story)로 통일성을 이루고 있다. 복음 안에 나타난 예수 그리스도의 하나님 나라 이야기는 세상에 찾아오신 하나님의 맞춤 메시지로서 모든 실재와 역사에 의미를 부여하고 해석해 주는 유일하고 진정한 거대서사(Meta-narrative)이다. 이 거대서사는 어떤 특정 문화에서 상황화되는 표현보다 훨씬 큰 영향력을 가진다. 예수 그리스도 안에 나타난 하나님 나라의 내러티브 신학은 각기 다른 문화 속에 있는 사람들이 자신들의 이야기를 해석하고 그 문화 속에 복음을 전하는 데 중요하게 사용된다. 복음은 유일한 이야기이지만 그 메시지의 일관성을 잃어버리지 않으면서도 다양한 문화 속에 적절하게 상황화가 이루어질 수 있는 하나님의 이야기이다.

복음이 한 문화에서 또 다른 문화로 전파되는 것은 '타 문화적(Cross-Cultural)'인 것이 아니라, 성령님이 주시는 지혜를 통하여 창의적이고 융통성을 발휘해야 하는 '상호문화적(Inter-Cultural)'인 것이다. '상호문화적'인 선교적 상황화를 통해 복음이 전해지도록 역사하시는 분은 성령님이시다. 성령님은 복음으로 한 영혼을 구원하시기 위하여 성육신에 나타난 하나님의 맞춤을 선교적 상황화를 통해 계속해서 이루어 가고 계신다. 이를 도표로 표현하면 표7과 같다.

표7 삼위일체 하나님과 맞춤전도

삼위일체 하나님이 보여 주신 맞춤의 절정은 성자 예수님의 성육신 사건이며, 이는 성령님의 상황화 사역으로 이어진다. 하나님이 자신을 낮추시되 죽기까지 낮추심은 성육신하신 하나님의 아들 예수 그리스도의 십자가 사건에서 절정을 이룬다. 성육신의 핵심은 죄인들과 같이 되시는 동일화 사역이다. 하나님의 맞춤이 성육신을 통하여 나타나지 않았다면 하나님의 구원 계획은 이루어질 수 없다. 성육신을 통해 이루신 복음과 하나님 나라의 역사를 성령님은 선교적 상황화를 통해 적용하고 전파하신다.

성령님이 이루시는 선교적 상황화는 복음을 전달하는 이들이 하나님의 낮아지심과 같이 자신을 낮추어 복음을 듣는 자들의 상황과 필요에 맞추어 복음을 창조적으로 전달하는 일을 도우시는 것이다. 천지를 창조하실 때 연합하여 창조하신(창 1:26) 삼위일체 하나님이 맞춤사역으로 하나 되어 구원의 역사를 위하여 하나님 나라의 복음 전도를 이루시는 것처럼 복음 전도도 삼위일체 하나님의 맞춤 원리를 적용해야 한다.

chapter 6.

맞춤전도집회의 준비 및 실행과정

온누리교회 맞춤전도집회는 다섯 단계로 이루어진다. 각 단계별 맞춤 전도의 중요 원칙을 서술하며 미래 전도 방향을 제시하고자 한다.

1단계 | 대상 세분화 *(Target Segmentation)*

효과적인 전도집회의 실행을 위해서는 대상을 세분화하는 것이 필수 적이다. 이것은 동일 문화로 구분할 수 있는 대상자들에게 복음을 전할 수 있기에 복음 전달의 효과를 증대시킨다. 가장 바람직한 대상 세분화는 한 사람 한 사람의 특수성을 감안한 개인 상담 성격의 일대일 대화 전도일 것 이다. 그러나 일대일 전도는 복음 전도에 잘 훈련된 성도들만 가능하기에 교회적으로 맞춤전도집회를 통해 전도하고자 하는 성도들의 참여를 일 으키는 것이 효과적이다. 전도집회를 할 때 동일한 문화를 공유하고 있는 특정 그룹의 대상들로 세분화하면 일대일 전도와 비슷한 효과를 기대할 수 있다. 복음을 함께 받아들이는 공동체성을 통해 전도의 효과를 극대화시키는 것이다. 즉 대상 세분화는 전도 대상자의 필요 상황을 더 구체적으로 파악하여 복음의 접촉점을 보다 실제적으로 제시할 수 있고, 전도 대상자들이 다 같이 복음을 듣고 함께 결신하는 공동체성을 강화할 수 있는 두 가지 효과가 있다.

대상을 세분화하는 데 고려할 요소는 여러 가지이다. 그 기준은 교회마다 다를 수밖에 없다. 각 교회를 구성하고 있는 성도들의 구성 분포와 목회자의 비전 등이 다르기 때문이다. 우선적으로 고려되어야 할 대상 세분화의 다섯 가지 요소는 다음과 같다.

목회적 비전

목회적 상황에 따른 대상 세분화에 있어서 가장 중요한 요소는 먼저 목회자의 부르심과 교회의 비전이다. 한 목회자의 부르심과 교회의 비전은 서로 긴밀하게 연결되어 있다. 목회자마다 부르심과 은사가 다르다. 또 주신 비전이 다르다. 교회의 본질은 동일하지만 어떤 교회로 만들어지는 가는 목회자의 비전에 따라서 달라질 수 있다. 청소년을 집중적으로 전도하는 교회가 있는가 하면, 어떤 교회는 어린이를, 어떤 교회는 청년을 집중적으로 전도하는 일로 부르심을 받기도 한다. 또는 사회의 소외된 대상 등을 집중적으로 섬기고 전도하는 일로 부르심을 받는다. 따라서 교회의 목회철학과 비전의 다양성에 따라서 전도 대상자의 세분화가 달라지고 강조점이 다양해질 수 있다.

목회적 상황에 따른 대상 세분화의 두 번째 요소는 그 교회의 현실적인 상황이라 할 수 있다. 온누리교회의 첫 번째 맞춤전도집회의 대상은 40대 남성이었다. 40대 남성을 우선적으로 선정하게 된 원인 중 하나가 믿지 않는 40대 남성을 남편으로 둔 여성도들이 2천여 명이나 되었기 때문이다. 사실 2천 명이 넘는 40대 여성도들이 20년 가까이 반쪽 신앙을 유지하고 있다는 것은 그만큼 가정생활을 하면서 신앙의 골이 깊다는 것을 말한다. 전도가 없이는 진정한 가정의 회복이 이루어질 수 없는 본질적 한계를 가지고 있었다. 그리고 이것은 크리스천 아내가 불신자 남편을 개인적으로 전도하는 것이 더 이상 어려운 형편이라는 것을 말해 주기도 했다. 따라서 교회가 적극적으로 이러한 불신 남편을 둔 가정들의 믿음 회복을 통한 가정 회복을 이루어 가는 노력을 해야 했다. 결국 교회는 자기 교회 성도들 가정의 믿음 분포를 조사하여 이에 근거한 우선순위를 가지고 대상자들을 선정하고 접근해 가야 할 것이다.

시대적 상황

모든 세대, 모든 계층이 복음을 들어야 하지만 시대적인 상황에 따라 긴급을 요구하는 계층이 있다. 온누리교회가 40대 남성을 1차 대상으로 했을 때는 시대적으로 40대 기수론과 더불어 40대 위기론이 팽배했을 때였다. 그리고 우리나라 40대 남성은 다른 연령대에 비해서 삶에 대한 만족도가 가장 낮았으며 스트레스를 가장 많이 받는 세대로 나타나고 있었다.

50대 남성들은 어떤가. 당시 우리나라 퇴직 연령이 50대 초반으로 급격히 하강하면서 삶에 대한 용기를 상실했다. 그들은 한국의 산업사회로의 진입 시기였던 70-80년대에 가정을 희생하며 산업현장에 있었던 세대였다. 그 결과 20-30대 자녀들과의 소통에도 장애를 겪었고, 이른바 재정적·가정적·신체적 3중 위기를 겪고 있었다.

60대 남성들은 고령화 사회로 진입하는 한국의 첫 노인 세대라는 시대적 상황 속에 있었다. 당시 60대 남성들은 평균 연령 78세라는 고령화의 혜택을 누리는 것 같지만 직업과 건강과 가정에 있어서 대단히 열악한 상황에서 20년 가까운 노년기를 보내야 하는 부담을 가지고 있었다. 더불어 급속한 정보사회의 발달로 철저히 소외된 세대가 되었으며, 이에 따라 개인적인 삶의 의미와 희망을 상실해 가고 있었다. 30대 남성들은 사회에 막 진입하는 시기를 살아가면서 힘, 속도, 열정, 전문성 등에 있어서 욕구도 높지만 한계도 점점 커지는 입장이었다. 그리고 가정을 이루어 가면서 미숙한 판단과 결정들로 어려움을 겪고 있고 정보 사회의 총아들인 20대에 밀리지 않으려는 압박감 또한 크지만 386세대라는 시대적 상황을 거쳐야만 했기 때문에 전문성에 있어서 충분한 훈련이 아쉬웠던 세대라는 약점을 가지고 있었다. 이러한 각 세대별 특징, 장점, 약점, 독특한 문제들은 대상 세분화의 시대적 상황으로서의 이유가 된다. 동시에 이러한 시대적 상황에 대한 철저한 인식과 이에 대한 복음의 구체적 응답은 복음에 대한 각 세대별 수용능력을 높여줄 수 있는 열쇠가 되기도 하다.

동일연령

전통적으로 유교 문화권인 한국은 동일 연령대를 중심으로 한 세대별 구분이 일반적으로 받아들여지고 있고 생활 가운데 녹아 있다고 할 수 있다. 따라서 전도집회의 대상자 세대 구분은 연령대별로, 20대·30대·40대

·50대· 60대·70-80대와 같이 구분하는 것이 바람직하다. 게다가 한국 사회는 급격한 산업화 과정을 겪었으므로 세대별 문화나 상황, 교육 수준, 시대적 배경 등도 확연히 구별된다. 따라서 유교적인 문화와 급격한 산업화를 고려했을 때 전도집회의 연령 구분은 10년을 단위로 하는 것이 상황 세분화와 복음 전달에 가장 효과적이다. 전도 변증가인 마크 미텔버그(Mark Mittelberg)는 전형적인 동창회를 뛰어넘어 10주년 기념 동창 모임을 전도를 위한 모임으로 전환하여 '동창과 함께하는 예배'를 성공적으로 가질 수 있었던 것을 간증한다.[69] 전도를 위해 무엇인가 새로운 것을 시도해 보려는 열망이 계기가 되어 동창회를 색다르게 기획함으로써 전도로 이끌 수 있었던 것이다. 우리의 인간관계 속에서 전도하기 가장 좋은 기회는 동일 연령과 만나는 때이다.

동일직업

대상을 세분화할 때 동일 직업, 동일 직종별로 구분하는 방법이 있다. 직종별로 대상자들의 삶의 상황과 스타일, 경제적인 형편 등 여러 면이 다양하게 달라진다. 먼저 직종별로 전도집회를 하는 방안이 있다. 예를 들면 금융인을 위한 전도집회, 선생님들을 위한 전도집회, 디자이너를 위한 전도집회, 철도인을 위한 전도집회, 의료인을 위한 전도집회, 법조인을 위한 전도집회, 군인을 위한 전도집회 등으로 준비할 수 있다. 연령대별 전도집회를 하면 다양한 직업의 사람들이 참여하게 된다. 그럴 때는 테이블 별로 눈에 띄지 않게 동일하거나 유사한 직업군으로 묶어 주면 대상자들과 테이블 리더 간에 대화의 공통 화제가 생겨 나눔이 풍성해질 수 있다. 또 집회 후 직업별 기도 모임 등으로 연결해 줄 수도 있다. 물론 직업별 전도집회의 경우에는 직업별 공동체로 사후 양육해 나가는 데 더 효과적이다.

가족관계

복음 전도에 있어서 사용되는 가장 중요한 관계망은 가족이다. 교회 역사 초기 몇 세기 동안 복음이 퍼져 나갔던 방법은 관계망이었다. 선교단체가 전혀 없던 시대의 전도는 개인적인 교제와 관계망을 통하지 않고는 전해질 수 없었다. 특히 가족과 가족 같은 관계(Oikos) 속에 있는 이들을 복음으로 변화시키는 일이 수반되지 않고는 복음이 온 세상에 전파될 수 없었다. 맞춤전도집회에 초청되어 오는 대상들의 분류는 대개 가족관계(부모, 배우자, 자녀 등)를 통해 이루어진다. 따라서 교회 내 전도 대상 가족의 리스트를 잘 분류해 놓고 이들을 위한 지속적인 중보기도와 더불어 전도집회에 초청할 수 있도록 한다.

2단계 | 필요 분석 (*Need Analysis*)

예수님은 각 사람의 필요를 만나자마자, 또는 만나기 전에 이미 정확하게 아셨다. 우리 역시 하나님이 주신 지혜와 성실함으로 전도 대상자들의 필요를 정확하게 파악하는 노력이 절실히 요구된다. 기업도 CRM 전략을 활용해 소비자들의 필요를 파악하고 상품 판매와 이윤을 극대화하려고 부단히 노력한다. 세상의 재화를 위해서도 소비자의 필요 분석에 그토록 노력을 다하는데, 천하보다 귀한 한 영혼을 전도하기 위해 교회는 더 치열하게 노력해야 하지 않겠는가. 전도 대상이 선정되면 대상의 필요를 여러 가지 각도에서 철저하게 조사해야 한다.

문화 심리적 상황

가장 중요한 것은 문화적 상황 속에서의 심리적인 특성을 파악하는 것이다. 연령별로 대상을 세분화했다면 우선 인간 심리 발달적 측면에서 그 세대의 필요를 파악해야 한다. 믿지 않는 40대 남성들에 대한 인터뷰와 자료들을 통해 파악한 결과 40대 남성들의 심리적인 특성은 '쉼과 탈출'에의 열망이었다. 60대 남성들의 심리적인 특징과 필요는 '나는 아직 늙지 않았다', '나는 아직 할 수 있다'는 것이다. 즉 젊었을 때의 원기 왕성한 삶을 다시 회복하고 누리고 싶다는 것이다. 고생은 많이 했지만 곧 은퇴를 준비해야 하는 50대 남성들의 심리적인 특성은 가정과 신체와 재정적인 위기로부터 벗어나 남자 고유의 용기와 성공과 사랑을 자신의 가치관과 신체와 직장과 가정에서 회복하고 싶다는 것이다. 30대 남자들의 심리적인 특성은 성공하고 싶고, 힘을 가지고 싶고, 그것을 이루기 위한 열정을 계속 갖고 싶다는 것이다. 이렇게 세대별로 발달 단계와 사회적인 포지션이 다르고 이에 대한 집단 심리, 개인 심리적 상황이 다르다. 이러한 상황을 정확히 파악하고 그 해결점을 복음 안에서 명확히 제시하는 과정이 필요하다.

복음과의 접촉점

세대별로 발달 단계와 심리적 상황이 다르므로 복음과의 접촉점 또한 다르다. 복음과의 접촉점은 세대별 필요를 정확하게 인식하고 그에 대한 성경적이고 실제적인 응답이 담겨 있어야 한다. '쉼과 탈출'을 필요로 하는 40대 남자에게 복음과의 접촉점은 진정하고 실질적이고 영원한 '비상구'이어야 한다. 어디론가 탈출하고 싶어 하는 이들에게 예수 그리스도가 피할 수 있는 진정한 '비상구'라는 개념으로 복음과의 접촉점을 만드는 것이다. 노년에 대한 두려움과 자신의 삶에 대한 진한 아쉬움으로 가득한 60대 남자에게 복음과의 접촉점은 복음 안에서 하나님과 다시 한번 시작할 수 있다는 소망의 '앙코르'이다. 세상 사람들은 다시 불러주지 않을지라도 하나님은 우리에게 다시 시작할 수 있는 기회를 주시며 그리스도안에서 우리에게 앙코르를 외쳐 주신다는 것이 복음과의 접촉점이다. 신체적·재정적·가정적 위기를 겪는 50대 남자에게 복음과의 접촉점은 하나님이 주시는 용기와 성공과 사랑을 경험하는 '브라보'로 표현될 수 있다. 사회의 초년병으로 지위와 재정과 전문성에 대한 열정과 경쟁구도라는 한계 속에 있는 30대 남자에게 복음과의 접촉점은 예수 그리스도라는 진정한 30대 모델을 통해 하나님이 주시는 힘과 전문성과 열정을 경험하는 '챔피언'으로 표현된다. 자신의 힘과 열정이 가져올 수 있는 위험을 제시하고 그리스도 안에서 주어지는 힘으로 살아가는 인생을 제시하는 것이다.

복음과 교회에 대한 수용도

내상자들을 연령별·직업별·세대별·싱별로 구별하였어도 이들의 복음과 교회에 대한 수용지수는 개인마다 다르다. 교회와 목회자에 대한 상처, 교회에 대한 오해와 편견, 가족 중 기독교인들과의 관계, 자신의 삶에 대한 평가와 자아상, 세계관, 타 종교 여부, 직업별 한계 상황, 건강 여부, 실직 여부, 이혼 여부, 자녀 문제, 이단으로부터의 상처, 교회를 떠난 기간 등 대상자들의 복음과 교회에 대한 수용도에 영향을 크게 미치는 변수들이 다양하게 존재한다. 이러한 변수들로 인해 복음에 대한 수용도가 긍정적, 보통, 부정적으로 분류될 수 있다. 요청자와의 관계와 그동안의 진척 상황에 따라서 복음에 마음이 열린 정도가 다르므로 A, B, C 세 가지로 분류하는 것이 가능하다. 이러한 복음에 대한 수용도의 내용과 정도에 따라 전도집회 테이블 배치 시 적절한 리더와 만날 수 있도록 테이블을 구성한다. 수용도가 비슷한 사람들끼리 테이블을 구성할 수도 있고 수용도가 골고루 섞이도록 구성할 수도 있다. 또한 전도집회의 설교자에게 대상자들의 복음과 교회에 대한 수용도를 미리 알려 주고 그들에게 적합한 복음을 제시하도록 준비시킬 필요가 있다. 대상자들의 복음 수용지수는 전도집회 전 여러 차례 진행되는 요청자들의 사전 기도 모임과 준비 모임을 통해 파악할 수 있다.

특별한 문제 유형

맞춤전도집회는 회개를 촉구하는 전통적인 대각성 전도집회의 스타일을 따르지는 않는다. 오히려 성실한 삶을 위해 노력한다고 자부하지만 복음에 대해서는 마음 문이 닫혀 있는 현대인들의 필요를 채워 주고, 정확한 복음의 접촉점을 파악해 하나님을 인격적으로 만나게 하려는 콘셉트를 가지고 있다. 그러나 이러한 일반적인 대상자들의 면면을 연구해 보면 그들 나름대로의 특별한 문제 유형을 가지고 있다. 먼저 삶에 대한 특별한 문제 유형으로는 질병, 실직, 이혼, 자신의 삶에 대한 평가와 자아상, 직업별 한계상황 등이 있다. 신앙에 대한 특별한 문제 유형으로는 교회와 목회자에 대한 상처, 교회에 대한 오해와 편견, 가족 중 기독교인들과의 관계, 세계관, 타 종교 여부, 이단으로부터의 상처, 교회를 떠난 기간 등이 있다. 그러므로 교회는 전도집회를 준비하면서 요청자들을 통해서 대상자의 특별사항들을 확인하고 이를 배려하여 테이블을 준비할 필요가 있다. 건강이 어려운 분은 건강 문제를 이겨냈던 테이블 리더와 사후 양육자로 연결하든지, 타 종교에 속한 대상자면 같은 경험을 공유했거나 이를 특별히 해결해 낼 수 있는 리더를 선정하는 것이 효과적이다. 전도집회의 설교자가 대상자의 특별한 사항들을 확인하고 이를 배려하고 해답을 제시하는 메시지를 준비할 수 있다면 더욱 효과적인 말씀 전달이 가능하다.

3단계 | 홍보 및 초청 (Communication)

맞춤전도집회의 커뮤니케이션은 성도들을 대상으로 한 홍보와 전도 대상자에 대한 홍보를 철저하게 구별한다. 모든 홍보물을 대상에 맞게 이중으로 제작해야 한다. 성도들에게 전도의 중요성을 알리는 홍보 자체가 전도 대상자들에게 전해질 때에는 거부감을 일으키는 등 비효과적이기 때문이다. 교회 성도들에게 전도의 소명을 강조할 때는 '잃어버린 양들', '세상에서 방황하는 영혼들', '생명이 없이 살아가는 사람들' 등 여러 가지 성경에 기초한 표현을 사용할 수 있지만, 자기 나름대로 성실하게 살아가고 있다고 생각하는 전도 대상자들 측면에서 생각해 보면 복음을 듣기도

전에 정죄부터 받는 기분이 되어 마음의 문을 닫게 될 수도 있다.[70]

콘셉트와 타이틀

맞춤전도집회 준비는 타이틀을 잡는 작업에 매우 오랜 시간을 보낸다. 집회의 타이틀은 맞춤전도집회의 브랜드와 캐릭터를 그대로 반영하는 역할을 함과 동시에 홍보와 프로그램 진행과 봉사와 메시지에까지 결정적인 영향력을 끼친다. 타이틀은 이미 분석된 대상 그룹의 필요에 적합하게 선정해야 한다.

대상자와 성도에 대한 이중 홍보

홍보 작업은 영상광고와 포스터, 전도집회 접수 등록, 배너, 플래카드 등 다양한 방법을 사용한다. 중요한 것은 모든 홍보에 있어서 대상자와 성도에 대한 홍보 내용과 방법이 이중으로 이루어져야 한다는 것이다. 성도들에게는 전도의 열정을 불러일으키는 홍보를 해야 하고 대상자들에게는 그들에게 맞춤화된 문구로 정중하게 초청하는 홍보로 준비해야 한다. 사용하는 언어와 분위기, 스타일, 전달 내용의 정도와 수준이 요청자와 대상자의 입장에 각각 맞춤으로 준비되어야 한다.

예를 들면 요청자에게는 '40대 남자를 위한 전도집회'가 되지만, 대상자에게는 '40대 남자를 위한 모임, 비상구'가 된다. 요청자에게는 40대 불신자를 위해 특별히 준비된 효과적인 맞춤전도집회임을 강조하지만, 대상자에게는 교회가 40대 남성을 위해 재미와 휴식이 있는 '또래 모임'을 준비했다고 강조하는 것이다.

요청자 중보기도 모임

요청자들은 접수 후에 반드시 세 번의 요청자 기도 모임에 참석하는 것을 의무로 하였다. 요청자들의 기도 모임은 전도집회만큼이나 중요하다. 결국 요청자들을 통해 불신자들이 집회에 참석하게 되고 요청자들이 사실상 가장 좋은 사후 양육자이기 때문이다. 기도 모임은 3주간 주중에 각각 여성과 직장인(남성, 여성)들을 대상으로 이원화하여 준비한다. 요청자들에게 집회에 대한 광고, 요청자 소그룹 기도 및 나눔의 시간을 가짐으로서 요청자들에게 필요한 모든 정보의 소통을 원활히 하도록 한다.

대상자 접수

대상자 접수는 일회적으로 이루어지지 않는다. 접수 기간에 따라서 단계별로 이루어지는 다회적인 성격을 지닌다. 대상자들의 참석 여부를 확정하는 일은 대단히 까다롭고 복잡하다. 왜냐하면 요청자들조차도 대상자들의 참석 여부를 확신하기가 어렵기 때문이다. 따라서 접수 기간을 접촉 기간과 확정 기간의 2단계로 나누어 대상자의 접수를 확인하는 작업을 해야 한다.

대상자 참석 여부 확인

대상자의 참석 여부는 사역자들이 요청자들에게 연락하여 세 차례 이상 1주 전까지 확인하는 것이 중요하다. 그렇지만 가능한 한 당일까지도 계속하여 대상자 참석을 독려함과 더불어 정확한 인원 산출과 그에 따른 테이블 배치를 마지막 순간까지 점검하고 확인할 필요가 있다.

전도집회 프로그램은 복음을 담는 그릇과 같다. 프로그램은 철저하게 복음의 메시지를 드러내고 전도 메시지를 보완해 줄 수 있도록 기획해야 한다. 전도집회의 핵심 프로그램은 전도 메시지이기 때문이다. 그러나 프로그램도 메시지의 연장이기 때문에 구성과 흐름이 설교와 같이 치밀하게 준비되어야 한다.

기획원리

일관성 | 모든 프로그램은 전체 타이틀과 주제에 적합하게 구성되어야 한다. 또한 집회의 콘셉트와 메시지가 일관성을 유지해야 한다. 가령 노래일 경우에는 가사의 내용이 주제에 적합한지, 프로그램의 흐름을 유지할 수 있는 곡조인지를 확인해야 한다. 전도집회라는 특성을 살리고 일관성을 유지하기 위해서는 기획자가 노래를 선곡해 주는 것이 바람직하다. 만일 여러 번의 집회라면 전도집회에 하루만 참석하더라도 집회 전체의 의도와 주제를 파악할 수 있게 하면서도, 여러 번 참석한 이들은 주제를 더 깊이 이해할 수 있게 해야 한다.

다양성 | 각 프로그램은 단조롭지 않도록 장르와 구성이 다양해야 한다. 하루에 비슷한 장르의 프로그램이 중복되지 않도록 해야 하며, 어느 한 순서가 지나치게 강조되지 않게 시간적인 분배를 고르게 해야 한다. 그리고 메시지보다 더 부각되거나 강렬하게 두드러지는 프로그램이 있어서도 안 된다. 특별히 메시지 전에 너무 많은 프로그램을 준비한 탓에 정

작 메시지 시간에는 집중 못 하는 일이 발생하지 않도록 주의해야 한다.

탁월성 | 전도집회의 무대에는 탁월하게 준비된 프로그램을 올려야 한다. 탁월성은 사람을 감동시키기 때문이다. 모든 프로그램은 치밀하고 철저하게 준비된 프로그램이라는 것을 느낄 수 있어야 한다. 전도 대상자들이 단기간에 조급하게 준비되었다는 것을 느끼게 되면 무시당한 것 같은 감정을 가질 수 있기 때문이다. 따라서 전도집회 프로그램은 충분한 시간을 가지고 준비해야 한다.

창의성 | 프로그램에는 참석한 대상자들이 흥미를 느끼고 계속 집중하도록 하는 창의적인 아이디어가 반드시 포함되어야 한다. 전도집회의 성격상 무거운 분위기로 흐를 위험이 많다. 참석한 대상자들은 많은 심리적 부담과 스트레스를 가지고 참석한 상태일 수 있다. 따라서 이들의 마음을 편안하게 해주고 심리적인 공감대를 형성할 수 있는 참신한 아이디어가 요구된다. 집회에서 흥미를 잃어버리지 않도록 하는 창의적인 프로그램을 반드시 기획해야 한다. 그러나 지나치게 의도적이거나 유치한 유머를 사용하는 것은 금물이다.

협력성 | 전도집회 프로그램은 교회의 담당 기획자들에 의해서만 준비되어서는 안 된다. 전도하기 원하는 성도들과 함께 준비해야 한다. 예를 들면 전도 대상자들의 사진이나 그들에게 주는 선물을 성도들이 준비하도록 하는 것이다. 그리고 프로그램에 성도들이 함께 참여하도록 유도할 때 대상자들은 훨씬 더 친밀감을 느낄 수 있을 것이다. 부모님들을 초청하여 전도하는 집회에서는 자녀들이 직접 편지를 작성해 와서 결신 시간에 부모님께 드리는 편지를 낭독해 주기도 하였는데 이 편지 낭독 시간에 많

은 부모가 눈물로 예수님을 영접하게 되는 계기가 되기도 하였다.

스타일

식사 | 맞춤전도집회에서는 프로그램 전에 식사하는 시간이 있다. 교회 내 가장 큰 공간을 식사를 겸하여 프로그램을 진행할 수 있도록 배치한다. 예배실에서 식사하는 것은 초청된 불신자들에게 상당한 영향력을 발휘한다. 교회가 그들을 위하여 얼마나 큰 배려를 했는지를 스스로 느끼게 해줄 뿐만 아니라, 정성껏 잘 준비된 식탁은 분위기를 부드럽게 할 수 있다. 무엇보다도 유익한 점은 함께 참석한 대상자들끼리 서로 대화할 수 있다는 점이다. 서로 대화하면서 자기 혼자만 끌려왔다고 생각하지 않게 되고 편안한 마음으로 참여할 수 있게 해준다.

음악 | 불신자들은 교회 음악에 대하여 무지하다. 따라서 일부 잘 알려진 찬송 외에는 이들의 공감대를 형성하기 어렵다. 맞춤전도집회의 도입 부분에서는 건전한 세속 음악을 사용한다. 불신자들의 감정적인 공감대를 형성하는 데 실패하면 메시지까지 이끌고 가기 어렵기 때문이다. 전도집회에서 찬양을 인도하는 일은 대상자에 따라 다를 수 있다. 비교적 젊은 층을 대상으로 할 경우에는 성도들에게 익숙한 찬양도 가능할 수 있다. 나이가 많은 층을 대상으로 할 경우에는 거의 어렵기 때문에 연주와 공연 중심으로 기획하는 것이 더 효과적이다.

예약 | 맞춤전도집회에서는 참석자가 1주 전에 확인되기 때문에 모든 대상자를 위한 자리를 예약으로 준비한다. 참석자가 테이블에 도착했을 때 자신의 이름이 적힌 명찰이 테이블 위에 올려져 있는 것을 확인한다면,

바로 나 한 사람을 위해 정성껏 준비된 모임이라는 것을 느낄 수 있을 것이다. 늦게 도착하더라도 자리가 없어 앉지 못하는 어려움을 당하지 않을수 있다. 또 자신을 위한 자리가 준비되어 있다는 사실을 알면 늦게 오지 않도록 하는 효과도 얻을 수 있다.

메시지

전도 메시지는 교리를 체계적으로 전하는 방식보다는 삶의 경험과 심리적인 필요를 해결해 주는 방법으로 접근하는 것이 효과적이다. 교회에다녀 본 경험이 있는 불신자들은 교리적인 분위기가 시작되면 곧 마음을닫는 경향이 있다. 귀납적인 방법과 경험적인 고백이 섞인 메시지는 불신자들의 마음을 여는 데 효과적이다. 전도 메시지도 필요 분석에 의해 도출된 대상자들의 삶과 복음과의 접촉점을 가지고 전하는 것이 좋으며, 전체주제에 맞추어 주제 메시지를 전하는 것이 효과적이다. 무엇보다 설교자는 전도집회 기획팀에서 사전에 조사한 대상자들에 대한 연구 자료를 토대로 메시지를 준비해야 한다. 일본을 위한 '러브소나타' 집회를 진행할때 우리는 사전에 해당 도시에 대한 매우 면밀한 문화적 연구를 통해 그도시의 거주자들과의 접촉점을 파악한다. 설교 통역자와 일부 목회자들이 사전에 도시를 답사하고 조사하여 설교자가 설교에 참고할 만한 중요한 사항들을 수집한다. 또한 설교자가 일본어 통역자와 함께 설교 내용을가지고 대화하며 일본인에게 적합한 메시지가 전해지도록 노력한다.

결신

결신 방법은 대상자에 따라 다양하게 이루어져야 한다. 결신은 하나님과 복음 앞에서 자신의 결단을 표현하는 것이므로, 그 표현 방법을 다양하게 하는 것이 효과적이다. 60세 남성과 10대 남성은 그 표현 방법이 확연히 다르다. 2000년도에 미국에서 열렸던 DCLA2000 집회[71]에서 한 부흥강사는 청소년들에게 복음을 제시하고 컨벤션 센터 중앙으로 뛰어나오라고 하여 결신을 표현하게 하였다. 이는 자기표현에 주저함이 없는 청소년들에게 매우 적합한 방법이다. 그러나 한국의 중년 남성들은 체면이 중요하기 때문에 자신의 결신을 표현하지 못하는 경우가 많다. 그래서 맞춤전도집회에서는 중년 남성의 경우에는 자필 사인으로 표시를 하되 결신을 돕는 보조프로그램을 삽입하기도 하였다. 초청자와 함께 일어나게 하기도 하고 앉아서 조용히 자신의 가슴에 손을 대고 결신하도록 유도하기도 한다. 60대 남성들은 가족의 편지를 결신 카드에 삽입하여 읽게 하였고, 30대 남성 집회에서는 초콜릿 상자를, 50대 여성 집회에서는 꽃송이를 이용하여 결신을 도왔다. 대상자들을 강단 앞으로 나오도록 하는 것만이 결신을 표현하는 유일한 방법은 아니라는 것이다.

연로하신 대상자들은 결신하고자 하나 커뮤니케이션이 잘 되지 않을 수 있다. 그럴 때는 옆에 앉은 초청자나 전도 사역자가 개인적으로 결신을 인도해 주는 등 결신 과정에 있어서 세심한 배려가 필요하다. 무엇보다 결신을 강제하는 듯한 분위기는 도리어 역효과를 만들어 낸다. 지금 당장 결신하지 않으면 지옥에 간다는 듯한 위협적인 발언이나 위기감을 조장하는 분위기는 결신으로부터 더 멀어지게 할 수 있다. 지금 당장 결신하지 않더라도 얼마든지 기다려 줄 수 있다는 따뜻함과 인내가 느껴지는 인격적인 분위기 가운데 결신을 유도해야 한다.

5단계 | 사후양육 (Follow-up)

기초 양육과정

전도집회에서 결신한 결신자나 진지한 고려를 한 구도자들을 대상으로 신앙에 대한 기초 양육 과정을 개설한다. 이 과정에서는 세례와 교회 등록에 필요한 신앙의 기초에 대해 알려 줌으로써 전도집회의 결신이 일회성으로 끝나지 않고 결신자들이 교회의 신실한 멤버십으로 성장할 수 있도록 도와준다. 또한 전도집회 때까지도 구도자로 남아 있는 대상자들에게 기독교 신앙에 대해서 보다 정확하고 자세한 내용을 소개함으로써 결신하여 세례를 받을 수 있도록 돕는 헬퍼의 역할을 하는 것이다. 과정의 내용은 창조, 구원, 성경, 하나님, 예수님, 성령님, 그리스도인의 삶 등 가장 기초적이고 핵심적인 기독교의 교리들을 담고 있어야 한다.

동질 그룹으로 연결

맞춤전도집회에서 동일 집단으로 함께 복음을 듣고 결신한 세대별 결신자들을 집회 이후에도 동일 집단으로 함께 묶어 주어 신앙훈련을 함께 받도록 해준다. 함께 교제 모임을 가져서 신앙의 성장도 동일 집단별로 가능하게 하는 것이다. 세례 과정 이후 60대, 50대, 40대, 30대 등 동일 집단별 모임을 만들고 담당 교역자와 스태프를 선정하여 공동체로 만드는 것이 필요하다. 그리고 각 세대별 특징에 맞는 스타일과 내용으로 모임을 정기적으로 이끌어 감이 바람직하다. 예를 들어 30대 챔피언 모임은 홈페이지를 만들어 온라인과 오프라인 모임을 병행하여 시너지 효과를 낼 수 있었고, 의사들은 크리스천 메디컬 네트워크(Christian Medical Network)로, 금융인들은 크리스천 CEO 포럼(Christian CEO Forum) 등으로 연결하여 공동체를 이루게 할 수 있다.

일대일 양육 연결

전도집회를 통해 결신한 이들은 이전에 복음을 접하거나 교회생활을 해본 적이 거의 없는 초신자들이기 때문에 이들에게 교회의 건강한 평신도 리더십과 일대일 양육으로 연결하여 만나게 하는 것은 무엇보다 중요하다. 건강한 성도와 초신자가 만나 3개월 이상 일대일 양육과정을 통해 말씀과 삶을 같이 나누고 기도하고 교제함으로써 신앙이 성장하는 데 큰 도움을 얻을 수 있기 때문이다. 그리고 무엇보다 중요한 교회 등록 초반 3개월 동안 교회생활을 건강하게 해 나갈 수 있는 영성, 지혜, 정보, 훈련 등을 자연스럽게 체득하는 기회가 된다.

세례 및 공동체 연결

전도집회를 통해 결신한 이들이 기초 양육과정을 이수하게 한 후에는 곧바로 세례를 받을 수 있도록 이끌어야 한다. 전도집회의 모든 과정은 세례식에서 절정을 이루며 영적 돌봄의 책임이 공동체로 이어진다. 기초 양육과정에 수개월이라는 기간이 소요되므로 이 기간 동안 교회 출석 등 세례에 필요한 조건들을 이수하게 하여 세례식으로 전도집회의 모든 과정을 마무리한다. 세례식에는 가족만이 아니라 전도 사역팀, 일대일 양육자, 연결된 공동체 리더십들이 함께 참석하여 새로운 영적 출생을 기뻐하고 축하한다.

chapter 7.
맞춤전도의 대상별 분류

연령별 맞춤전도

온누리교회의 맞춤전도의 시작은 연령별로 세분화하여 대상자를 정하고 그들에게 맞춤화된 메시지와 프로그램을 통해서 복음을 전하는 것이었다. 연령별 맞춤전도를 생각하게 된 계기는 해마다 교회에서 개최하는 전도집회에서 결신을 유도하는 방법과 결신한 분들을 양육하는 과정을 관찰하면서 두 가지 문제점을 발견했기 때문이다. 어떤 전도 대상자가 참석하였는지 확인되지 않은 상태에서는 결신한 분들을 정확하게 공동체로 인도하기 어려웠다. 또한 결신한 분을 인도자가 확인하여 공동체로 인도하였더라도 서로 다른 연령대의 결신자들을 함께 모아 그들에게 적합한 양육을 진행하기가 어려웠다.

실제로 전통적인 전도집회에서는 20대 젊은이부터 70대 이상의 어르신까지 다양한 연령의 대상들이 참석하기 때문에 결신자에 대한 사후 양육이 효과적으로 이어지지 않는다. 게다가 대상자에 대한 프로그램과 메시지도 방향성을 정하기 어렵다. 이를 당연한 것으로 여기지 않고 극복할 수 있는 방안을 고민했다. 그 결과 그동안의 전도집회 패러다임에서 벗어나 동일 문화를 경험한 비슷한 연령대별로 구분하여 누가 오는지 정확하게 확인한 후 그들에게 맞춤화된 전도집회를 시행해 보자는 생각을 실천하게 된 것이다.

제일 처음 비상구(남자 40-49세)를 시작으로, 브라보(남자 50-59세), 앙코르(남자 60세 이상), 프러포즈(여성 33-44세), 클라이맥스(여성 44-55세), 해바라기(55-66세), J4U(Just for You, 20-30대), 행복드림(65세이상 믿지 않는 부모님들)으로 구분하여 전도집회를 시행하였다. 10년 단위로 대상자의 연령을 구분한 것은 한 세대의 문화를 함께 경험한 이들이 동질감을 느끼는 '또래 문화' 의식을 형성하도록 돕기 위함이다. 한국 문화의 기저에 있는 기준은 연령이며 급격한 사회 변화 속에서 나의 경험을 다른 세대와 공유하기란 쉽지 않다. 다른 세대와는 공감하기 어려운 고유한 상황들이 있다. 그러나 동일 연령층이 세대별로 참석할 때에는 그들이 서로 공유한 문화가 있기 때문에 맞춤 프로그램에 대한 몰입도가 높다. 이렇게 또래 문화 의식을 공유하는 세대별로 구별하여 초대할 경우에는 마치 단 한 사람을 대상으로 복음을 전하는 것 같은 효과를 거둘 수 있다. 집회 후에는 대상자들 가운데서 리더십을 발휘하는 이들이 나타남으로써 또래로 구성된 자체 공동체로 발전할 수도 있어 사후 양육에 도움이 된다. 한 예로 20-30대를 초청한 J4U 집회에서 결신한 이들 중심으로 J4U 공동체를 발전시켰는데 이 공동체가 대학청년부의 한 부서로서 당당히 자리매김하고 있다.

직업별 맞춤전도

2004년부터는 대상자를 직업별로 구분하여 복음을 전하는 집회를 시행하였다. 한국 문화에서 연령 다음으로 동질감을 느끼게 하는 요소는 동일 직업이기 때문이다. 어떤 직업에서 오랫동안 일한 경력은 그 사람의 사고방식과 습관을 형성하기도 하여 직업은 제2의 천성이라고도 말할 수 있다. 따라서 동종 직업이 주는 끈끈한 공동체 의식은 주변의 믿지 않는 영혼들을 초청하는 데 큰 장점이 있다. 성도들이 직장에서 쌓은 신뢰를 바탕으로 같은 직업군이 모인다는 점을 강조할 때 초청에서의 거부감을 완화할 수 있다. 가장 큰 장점은 직업에서 비롯되는 다양한 에피소드를 이용하여 맞춤 프로그램과 메시지를 준비할 수 있다는 점이다. 프로그램에서 동일 직종에서 신실하고 존경받는 그리스도인이 간증할 수 있고 직업을 통한 다양한 경험과 정보를 나눌 수 있다. 특히 같은 직업을 가진 유명인이 간증으로 나설 경우 영향력이 매우 크다. 이러한 콘셉트에 근거하여 러브터치(의사), 드림터치(교사), 하이터치(IT인), 허그(스포츠인), 군인 장교들, 군사관생도, 항공기 조종사, 거리 청소원, 소방공무원, 버킷 리스트(50대 동기동창), 탈북민 등으로 구분하여 맞춤전도집회를 시행하였다.

공동체 맞춤전도

온누리교회 공동체는 같은 지역에 거주하는 성도로 구성되며 평균 500-1,000여 명이 활동한다. 2006년도부터 시작된 공동체 맞춤전도는 각 공동체에서 교회 전체 집회의 맞춤전도의 원리를 잘 적용하여 각 공동체에 맞는 원칙과 전략을 정하여 이루어졌다. 공동체 맞춤전도의 주요 특징은 공동체 담당 목회자와 리더십이 주체가 되어 공동체 식구들과 함께 프로그램을 기획하고, 공동체 식구들과 관련 있는 전도 대상자들을 초청하여 전도집회를 진행하는 것이다. 이때 전도사역본부는 요청이 있거나 필요한 경우에만 지원한다. 이는 교역자 중심에서 성도들의 기획과 전략으로 전도의 실천이 전향되는 시도로 시작되었다. 온누리교회 53개의 공동체가 초청된 전도 대상자들에게 맞춤화된 프로그램을 준비하여 진행하였다. 교회 전체 집회와 같은 수준의 프로그램은 아닐지라도 공동체 식구들이 준비한 정성이 담긴 프로그램은 초대받은 대상자들에게 소박한 감동을 준다.

공동체 맞춤전도에 초대받은 대상자는 20-30여 명 정도이기에 보다 더 개개인의 필요를 면밀히 분석하고 배려하는 집회로 구성될 수 있다. 전도 대상자들은 단지 복음을 들어야 할 대상자로서가 아니라 공동체에 먼저 초대받은 공동체 일원으로서 환대받는 관계 속에서 복음을 듣게 된다. 복음을 들은 대상자들은 결신 여부에 상관없이 지속적으로 공동체와 연결되어 돌봄을 받게 된다. 이는 단 한 번의 전도집회로 결신 여부를 결정짓는 패러다임이 아닌 관계 공동체 내에 먼저 소속되어 공동체의 일원으로서 단계별로 복음을 듣게 되고 결신과 세례를 통해 교회의 일원으로 소속하게 된다. 온누리교회의 각 공동체는 수도권 전역에 흩어져 있기에 각 지역의 교회나 공원 혹은 한강 유람선 등을 빌려서 전도집회를 시행하기도 했다.

맞춤전도를 실시한 공동체에 대한 설문조사에 따르면 가장 많은 전도 대상자는 가족과 친척이었고(53.4퍼센트) 그 다음이 친구(16.4퍼센트)와 동료(15.1퍼센트)였다. 교회 성도들의 전도 대상자는 항상 가족이 가장 많았고 그 다음이 친구와 동료라는 것이 확인되었다. 전도 대상자들이 맞춤전도에 참여한 이후에 보인 반응에 대하여는 긍정 반응이 54.8퍼센트이고, 매우 긍정이 9.6퍼센트 그리고 보통 28.8퍼센트였다. 공동체라는 중그룹 단위에서 소수의 전도 대상자를 초청하여 전도집회를 가지는 것은 프로그램 면에 있어서는 대그룹 단위 집회보다는 질적으로 떨어질 수는 있지만 전도 대상자가 느끼는 거부감 면에 있어서는 훨씬 더 효율적이라는 것을 알 수 있다. 전도집회는 그 성격상 소수의 인원이 초대되었을 때, 보다 더 대상자들에게 집중할 수 있다. 대상자들은 이 모임이 바로 나를 위한 모임이라고 인식하게 되어 훨씬 더 마음을 열고 복음에 귀 기울이게 되기 때문이다.

순맞춤전도

온누리교회의 공동체는 여러 순으로 구성으로 되어 있다. 한 개의 공동체 안에는 30개에서 40개 정도의 순이 있으며, 순 구성 인원은 평균 10-15명이다. 순 모임은 대부분 매주 금요일 오후에 1시간 반에서 2시간 정도 각 가정에 모여서 말씀을 나누고 기도하는 예배와 교제 모임이다. 2009년도부터는 공동체 맞춤전도를 순으로 확대 적용하여 순별로 맞춤 전도를 시행하도록 이끌었다. 순 맞춤전도는 초대교회가 공동 예배로서 가정을 활용한 것만이 아니라 복음을 온전히 이해시키기 위해서 도움이 필요한 사람들을 가정으로 초대하여 복음을 전한 것에 근거한다. 브리스길라와 아굴라는 요한의 세례만 알고 있었던 아볼로를 집으로 초대하여 '하나님의 도'에 대하여 더욱 정확하게 설명하였다. 소그룹은 한 영혼을 초대하여 환대하며 함께 중보하는 가운데 복음을 전하기 좋은 환경이다.

순 맞춤전도를 위한 매뉴얼을 전도 사역 본부에서 제작하고 커리큘럼을 만들어서 각 순장들에게 순 전도를 진행하게 하였다. 순에서 순원들이 기도하며 전도의 대상자들을 선정하고 대상자에 맞는 기획과 프로그램을 준비하여 진행한다. 대부분의 순 맞춤전도는 순원들이 모이는 각 가정에서 대상자를 초청하여 식사와 나눔, 간증의 순서로 진행한다. 특별한 경우에는 교회 본부에서 제공하는 영상을 사용하기도 한다. 한 사람을 그리스도께 인도하는 데 있어서 순원들이 함께 협력하여 시행하는 전도집회는 예수님을 만난 제자 마태가 자기 집에 친구들을 초청하여 예수님을 소개한 모임을 생각나게 한다(눅 5:29).

순 맞춤전도는 10-15명 정도의 순원들이 함께 기도하며 기획하고 실행한다. 그래서 전문적인 프로그램이 없을지라도 참석자가 1-2명 내외이기에 대상자에 대한 이해도가 가장 깊은 관계전도가 진행된다. 순 맞춤전도의 결신률은 대형 집회보다 좋은 편이다. 대상자들은 자신을 이해하고 성심성의껏 준비한 부분에 감명을 받고 복음을 진지하게 받아들이는 것이다. 순 맞춤전도는 주로 집에서 초청하여 진행되기 때문에 보다 가족적인 분위기에서 이루어지며 모임 이후에도 계속적인 교제를 통해 전도의 기회를 가질 수 있다. 순 맞춤전도에서는 결신이 이루어지지 않았지만 후에 맞춤전도집회에 초청할 기회를 마련할 수도 있다. 순 맞춤전도는 거의 일대일 전도와 같은 효과를 맺을 수 있으며 순원들이 함께 중보기도와 사랑의 섬김을 통해 전도의 효과를 증대시킬 수 있다. 자연스러운 식사와 티타임을 겸하여 이루어지며 순원의 간증이나 영상을 통한 간증을 나누며 결신으로 이끌 수 있다.

국제 맞춤전도: 러브소나타[72]

'러브소나타'는 일본인들을 향한 맞춤전도 형태의 전도집회이다. 2006년도부터 맞춤전도의 패러다임으로 기획되어 시작되었다. 당시 한국 드라마의 '겨울연가'가 일본에서 대단한 영향력을 끼치게 되었다. 드라마 속 사랑 이야기를 흠모하는 일본 대중이 한류 문화를 형성하였다.

이런 분위기 속에서 일본인들에게 하나님의 사랑을 러브스토리(Love Story)로 연결하여 메시지를 전하는 러브소나타 프로그램을 준비하는 기회가 주어졌다. 이미 도쿄와 오사카에 일본 CGN(Christian Global Network)이 설립되어 있어 미디어 사역과 맞물려 문화 기반의 맞춤전도집회로 준비할 수 있었다. 이렇게 2007년부터 2024년도까지 34회의 러브소나타 전도 집회가 진행되었다. 매회 일본 각 지역의 문화회관에서 평균 2,000여 명의 불신자 일본인들이 각 일본 교회 성도들의 초청으로 모이게 되었고 프로그램을 통해 복음을 듣고 반응하기 시작하였다. 러브소나타 집회를 선교적 관점에서 연구한 도육환 박사는 이렇게 요약 평가한다.[73]

러브소나타는 기다리는 선교가 아니라 찾아가는 선교요, 전달자 중심의 선교가 아니라 수신자 중심의 선교요, 지배하는 선교가 아니라 섬기는 선교요, 각각의 은사들이 연합하여 복음 전도라는 하나의 목적을 이룬다는 점에서 연합 선교이다. 러브소나타는 온누리교회라는 일본 선교에 열정을 가진 개교회의 사역으로 시작되었지만, 일본에서 사역하고 있는 한국인 선교사님들과 일본의 많은 지역교회와 동역하여 이룬 연합 선교의 열매이며, CGN TV 및 두란노서원 등과 함께 연합한 종합 문화 선교이다.

한국과 일본의 역사적 관계를 고려하면 한국의 교회가 일본 열도를 품고 각 도시를 다니며 전도집회를 실행한다는 것은 매우 어려운 일이다. 이는 일본 그리스도인이 전도하는 것과 또 다른 심리적 문화적 간극을 일으키기 때문이다. 이러한 간극은 일본 교회들의 연합으로 극복할 수 있었으며, 온누리교회가 겸손한 태도로 지속적인 섬김을 보여줌으로써 사역으로 자리매김할 수 있었다.

일본 목회자들이 한국 대형교회의 전도 사역에 긍정적으로 협력한 가장 중요한 이유는 러브소나타가 하용조 목사님의 생명을 내건 헌신에서 시작된 것이 알려졌기 때문이다. 하용조 목사님은 간암 수술을 일곱 번이나 받고 신장 투석을 일주일에 세 번이나 받아야 하는 건강 상태임에도 신장투석 치료차 머무는 일본에서의 기간을 하나님이 자신을 선교사로 보내셨다고 받아들이고 각 도시를 다니며 전도집회를 시행한 것이다. 하용조 목사님은 간암 및 신장 투석 환자로서는 감당하기 어려운 사역임에도 생명을 내건 헌신을 실천하셨다. 이를 곁에서 지켜본 일본 목회자들은 하용조 목사님의 헌신에 깊이 감동을 받아 적극 협력하였고, 일본 선교 150주년 기념대회에 일본인 목사가 아닌 하용조 목사님을 주 강사로 세우기도 하였다.

매번 러브소나타가 열릴 때마다 온누리교회 성도들 300-500여 명이 자원 봉사자로 헌신하고 있다. 나아가 이들은 일본 교회와 지속적으로 교류하며 일본 부흥을 위해 기도하고 있다. 러브소나타의 가장 중요한 원칙은 일본 교회들과의 연합과 일본 교회들 간의 연합이다. 그 도시의 교회들이 초교파적으로 연합하는 것을 가장 중요한 조건으로 삼고 있다. 또한 일본 교회들을 실제적인 동역자로 인식하고 그들에게 역할을 부여하여 단순한 참여자가 아니라 행사의 주관자라는 인식을 갖게 하였다. 집회 준비를 함께하면서 일본 목회자와 성도들은 영적 패배감과 무기력증에서 깨어나 일본에서도 전도와 교회 성장이 가능하다는 믿음으로 일어나기 시작하였다.

일본인 선교학자 에이코 타카미자와(Eiko Takamizawa)는 로잔글로벌분석(Lausanne Global Analysis)에서 러브소나타의 열매를 이렇게 평가한다.

> 온누리교회의 사랑과 섬김을 통해 2,234개의 일본 교회가 러브소나타와 협력하면서 점차적으로 변화되고 있으며 초교파적인 교제를 이어 가고 있다. 보다 더 젊은 세대들이 그들 자신의 행사를 기획하고 있다. … 그리스도 안에서 진정한 용서와 희생적인 사랑으로 하용조 목사와 온누리교회는 한국과 일본 간에 있는 깊은 간격을 메우는 데 도움을 주었다. 오늘날 세계의 많은 지역에서 사람들은 인종적 차별, 착취, 남용, 침략, 대량

학살로 고통받고 있고, 그로 인한 희생자들의 일반적인 반응은 증오와 용서하지 못함과 복수이다. 분노의 순환은 화해가 일어나지 않는 한 결코 멈추지 않는다. 오직 인간 안에 있는 죄의 실체를 아는 그리스도인들과 그리스도의 진정한 용서를 경험한 사람들만이 그러한 화해에 촉매제가 될 수 있다. 그것은 하용조 목사와 온누리교회가 하나님의 은혜로 일본을 위해 행한 강력한 간증을 통해 알 수 있었다.[74]

온누리교회가 국가별 맞춤전도집회로서 일본을 집중 지역으로 선택한 것은 복음으로 과거 역사의 상처를 씻는다는 데에 매우 의미가 있다. 많은 일본인들이 한국 교회가 진정한 사랑으로 행하는 러브소나타 집회에 긍정적으로 반응하고 있으며 지역별 일본 교회의 연합에도 기여하고 있다. 러브소나타에서 결신한 사람들은 각 지역 교회들로 연결되어 양육된다. 또한 러브소나타가 열리는 도시에서는 한일 크리스천 리더십 포럼과 교회 부흥 세미나, 일본 교회들의 부흥집회 등이 연속적으로 함께 열리도록 하여 연쇄적인 부흥의 효과를 노리고 있다.

러브소나타 집회 이후에는 온누리교회 일대일 양육팀 등 여러 사역팀이 두란노 재팬(Duranno Japan)과 일본 CGN 등과 연합하여 일본 교회들을 지원하게 된다. 러브소나타는 일본 교회들이 연합하는 전도 행사이기도 하다. 러브소나타를 위해서는 2년 전에 장소와 준비위원장이 선출된다. 러브소나타를 위하여 지역교회들이 연합하여 위원회를 조직한다. 이로 인하여 서로 왕래하며 기도회를 하고 연합의 축복을 나누게 된다. 러브소나타를 준비하는 1년은 일본 교회의 연합과 부흥의 계기가 된다.

러브소나타에 참가한 일본 교회 성도들을 대상으로 설문조사를 했는데, '러브소나타가 일본 전도에 어느 정도 효과가 있는가?'라는 질문에 44퍼센트가 '효과가 있다'고 답하였고, 36퍼센트가 '대체적으로 효과가 있다'고 응답하였다. 이 조사에서 일본인들이 전도를 두려워하는 이유 또한 알게 되었다. 가장 많은 응답자가 친구에게 전도했다가 자칫 관계가 끊어질 수 있어 두려워한다는 것이다(21.4퍼센트). 일본인들은 집단주의 문화에서 자신의 전도가 관계를 어렵게 하지 않을까 하는 두려움이 있었다. 다음으로 상대방으로부터 반박하는 질문이 나올 것에 대한 두려움(21.4퍼센트)이었다. 무슨 일이든지 철저히 준비하는 일본인들의 습성에 따라 준비되지 못했다는 두려움이 전도를 주저하게 하는 요인으로 나타났다. 러브소나타는 일본인들이 이러한 두려움을 극복하고 직접적으로 복음을 제시하는 것보다는 우선 전도집회에 초대하는 것에 초점을 두고 이후에는 교회 공동체가 함께 인도함으로써 개인적인 두려움을 극복하는 데 기여하기도 한다.

아래는 2014년 시모노세키 러브소나타에서 시모노세키 지역의 명물로 알려진 다리를 비유로 하여 "화해의 다리, 예수"라는 제목으로 전한 전도 설교[75]이다.

일본의 소설가 시가 나오야(Shiga Naoya)가 쓴《화해》라는 소설이 있다는 것을 알게 되었다. 시가 나오야가 이러한 소설을 쓰게 된 동기는 아버지와 오랫동안 극심한 갈등 속에 있었던 자신의 체험이 있었기 때문이다. 시가 나오야는 자신의 집에서 일하는 여자와 결혼하겠다는 것을 반대하는 아버지와 깊은 갈등을 겪게 된다. 어느 날 시가 나오야는 아버지와 극적으로 화해한 후 이런 말을 남겼다고 한다. "세상에서 가장 아름다운 곳은 싸움을 하지 않는 곳이 아니라 화해하는 곳이다." 세상에서 가장 고통스러운 갈등은 가장 가까운 사람과 일어난다. 세상에서 가장 고통스러운 전쟁도 가장 가까운 나라와 일어난다. 부부가 헤어지게 되면 가장 사랑했던 사람이 가장 미워하는 사람이 된다. 왜 가장 가까운 사람과 갈등하게 되는가? 왜 가장 가까운 나라와 싸우게 되는가? 사람들의 마음속에 벽이 있기 때문이다. 멀리서는 볼 수 없고 느낄 수 없던 벽을 가까이하면 더 분명하게 보고 느끼기 때문이다. 인간의 특기는 벽을 쌓는 것이다.

프랑스의 사상가 자끄 엘룰은 《도시의 의미》라는 책에서 도시가 생겨난 것은 인간이 하나님을 떠나 자신을 보호하기 위해서였다고 지적한다. 성경에 따르면 최초의 도시 건축가는 가인이라는 인물이다. 동생을 질투해 죽인 사람이다. 창세기 4장에 보면 가인이 살인하고 도망하여 자신을 스스로 지키려고 벽을 쌓고 성을 만든 것이 도시의 기원이다. 자신이 죄를 지었으면 잘못을 인정하고 돌이키면 될 텐데 돌이키지 않고 누군가 복수해 올까 봐 두려워 성을 쌓기 시작했기 때문에 도시가 생겨난 것이다. 수많은 벽으로 만들어진 화려한 도시사회의 이면에는 도적과 살인과 마약 중독과 같은 어두운 죄들이 많이 일어나고 있다.

도시의 벽보다 더 무서운 것은 그 벽을 만든 사람들의 마음속에 숨어 있는 마음의 벽이다. 누군가로부터 피해받을까 봐 염려하는 두려움의 벽이다. 나는 다른 사람과 다르다고 생각하며 자신을 높이는 교만의 벽이다. 무엇이든지 자신에게 이로운 것만을 생각하는 이기심의 벽이다. 이러한 벽들은 자신을 보호하는 것이라고 생각했지만, 실상은 자신을 괴롭히는 것이 된다. 마음의 벽이 높으면 높을수록, 두꺼우면 두꺼울수록 관계는 깨어지고 다툼과 갈등이 더 많이, 더 크게 일어난다. 여러분의 마음속에 쌓여 있는 벽은 어떤 벽인가? 여러분을 숨막히게 하고 힘들게 하는 벽은 어떤 벽인가? 왜 사람들의 마음속에 이러한 벽이 생겨났을까? 그것은 인간이 인간을 창조하신 하나님을 떠났기 때문이다. 하나님과 벽을 쌓은 사람은 자기 자신과도 벽을 쌓고 살아간다. 하나님과 벽을 쌓은 사람은 다른 사람과도 벽을 쌓고 살아간다.

어느 두 형제의 이야기가 있다. 그들은 아버지가 물려준 땅에서 농사를 지으며 40여 년을 사이좋게 지냈다. 큰 뒤뜰을 사이에 두고 각자의 집을 짓고 살고 있었다. 그러나 안타깝게도 어떠한 오해와 논쟁으로 인해 두 형제는 갈등을 빚게 되었고 서로 말도 하지 않는 사이가 되어 버렸다. 그러던 어느 날, 일거리가 있는지 알아보는 어느 남자가 동생 집 문을 두드렸다. 동생은 느닷없이 형 이야기를 했다. 형이 자기 허락도 없이 뒤뜰에 자신이 건너오지 못하게 시내를 만들었다는 것이다. 그래서 동생은 이 사람에게 형을 안 보고 살 수 있도록 뒤뜰에다 높은 담벼락을 만들어 달라고 부탁했다.

며칠 집을 비웠다가 돌아온 동생은 뒤뜰을 보고 황당하여 말이 나오지 않았다. 일하는 사람이 담벼락을 만든 것이 아니라 시내를 건널 수 있는 다리를 만들어 버린 것이었다. 뒷문으로 나가서 상황을 살펴보려고 다리 쪽으로 걸어가는데 저기서 형이 다리를 건너 동생을 만나기 위해 걸어오는 것이었다. 형은 웃으며 말했다. "그래 동생, 시내를 만든 나의 생각이 정말 바보 같았네! 이제 지나간 일은 뒤로 하고 화해하고 다시 한 가족이 되세!" 형은 동생이 화해의 다리를 만들었다고 오해한 것이다. 그러나 동생은 다리 만든 것이 자신의 아이디어가 아니라는 사실을 말하기가 곤란했고, 화해의 기회들을 너무나 오랫동안 무시해 온 사실을 스스로 인정했다. 두 형제는 다리 위에서 서로를 끌어안았고, 그날 저녁에 온 가족이 모여 화해의 식사를 했다고 한다. 벽은 관계를 끊어 버리지만 다리는 관계를 회복시킨다. 사람들에게는 관계를 회복시키는 다리가 필요하다.

하나님은 하나님을 떠나 벽을 쌓고 살아가는 인간에게 화해를 요청하셨다. 러브소나타가 이곳에서 열린 것은 여러분에게 화해를 요청하시는 하나님의 마음을 전해 드리려고 한 것이다. 여러분 가운데 어떤 분은 '나는 하나님과 화해할 일을 한 적이 없다'고 생각할지 모른다. 그런데 만일 현재 상태가 원래 있어야 할 상태가 아니라면 그것은 화해가 필요한 상태이다. 마땅히 교제를 나누어야 하는 관계임에도 전혀 상관없이 살아가고 있다면 화해가 필요한 상태이다. 인간은 원래 하나님께 속한 존재이다. 내 지갑이 내 주머니에 있어야 하는데 다른 사람의 주머니에 있다면 그것은 도둑맞은 것이다. 원래 속해야 할 곳에 속해 있지 않은 것은 무엇인가 잘못된 것이다. 하나님 없이 살아가는 삶은 영혼을 도둑맞은 상태로 살아가는 것이다. 인간에게는 하나님께로 다시 돌아갈 수 있는 다리가 필요하다. 인간은 원래 영원히 살도록 창조되었다. 모든 사람이 죽기 때문에 사람들은 죽음을 자연적인 것이라고 말하지만 성경은 죽음이 자연적인 것이 아니라 부조화의 상태라고 말한다. 또 죽음은 부자연스러운 것이며 회복되어야 하고 넘어서야 하는 벽이라고 말한다.

사람들은 마음의 벽을 숨긴 채 성을 쌓듯이 이 세상에서 많은 것을 이루며 살아간다. 마음에 두려움을 가지고도 성실한 사람으로 인정받을 수 있다. 마음에 교만을 가지고도 열심히 일해 성공할 수 있다. 마음에 이기심을 가지고도 많은 돈을 벌 수 있다. 그러나 어느 날 우리는 이 세상에서 쌓은 나의 모든 성을 내려놓아야 할 때가 온다. 인간이 가장 두려워하는 죽음이라는 벽을 만나게 될 때가 온다. 만일 죽음의 벽을 넘어 영원으로 들어가는 다리가 없다면 인간은 절망이다. 죽음의 벽을 넘어 영원한 생명으로 들어가려면 하나님과 화해해야 한다. 화해가 일어나려면 아무리 다른 한쪽에서 거부해도, 때로 공격해도, 끝까지 인내하고 용서하는 사랑이 흘러넘쳐야 한다. 그리고 상대방이 건너올 수 있는 다리를 만들 수 있는 능력이 있어야 한다. 그리고 그 사랑을 다른 한쪽이 거부하지 않고 받아들이고 그 다리로 건너와야 한다.

하나님은 사랑이 풍성하고 흘러넘치셔서 우리를 받아 주신다. 이제 우리가 그 사랑을 받아들이고 그 다리로 건너가는 일만 남았다. 예수님은 우리를 죽음의 벽을 넘어 영원한 생명으로 인도하시기 위해 자신의 성을 쌓고 두려워 숨어 있는 우리를 찾아오셨다. 그리고 십자가에서 우리의 죽음을 대신 담당하셨다. 십자가는 하나님이 준비하신 화해의 다리이다. 하나님은 사랑이 흘러넘치셔서 우리와 화해하시고 우리를 영원한 생명으로 인도하시기 위해 아들의 죽음이라는 대가를 치르셨다.

십자가를 화해의 다리로 믿고 건너는 모든 사람에게 영원한 생명을 약속하셨다. 하나님은 인간과 화해하시기 위해서 예수님을 십자가에 못 박는 사랑의 희생을 치르셨다. 십자가는 화해의 다리이다. 우리가 그 십자가의 사랑을 받아들일 때 우리는 하나님과 화해하게 된다. 하나님과 화해한 사람은 말할 수 없는 평화를 누리게 된다. 하나님과 화해하고 평화를 누리는 사람은 자신과 화해하고, 이웃과 화해하고 평화를 누리게 된다. 오늘 이 밤, 예수 그리스도의 십자가를 통해 하나님과 화해하고 영원한 생명을 얻게 되기를 바란다.

러브소나타 현황

연도	일자	지역	장소	협력 교회	참석 인원	결신 인원
2007	3/29	오키나와	오키나와컨벤션센타	76	2,497	97
	3/30	후쿠오카	선팔레스호텔	78	2,547	97
	5/3-4	오사카	오사카국제회의장	208	4,322	110
	7/24	도쿄	사이타마수퍼아레나	380	20,691	188
	10/31-11/1	삿포로	북해도후생연금회관	68	3,102	90
	11/22-23	센다이	센다이선	74	2,260	81
2008	4/22-23	히로시마	후생연금회관	86	2,127	63
	7/28-29	요코하마	파시피코 국립대홀	209	5,987	147
	9/24-25	아오모리	시문화회관	62	1,756	23
	11/4-5	나가사키	브릭크홀	49	2,136	79

연도	날짜	도시	장소			
2009	4/14-15	고베	국제회관	141	2,426	130
	11/25-26	나고야	아이치현예술극장	130	2,136	139
2010	8/30-31	아사히카와	시민문화회관	55	1,710	71
	11/10-11	니가타	현민회관	56	1,965	70
	11/15-16	나가노	나가노호쿠토문화홀	69	2,022	66
2012	4/25-26	다카마쓰	알파아나부키홀	67	2,183	113
	11/14-15	가고시마	시민문화홀	52	2,229	130
2013	5/15-16	오키나와	오키나와컨벤션센터	101	2,413	122
	11/13-14	군마	군마현민회관	61	2,156	34
2014	5/14-15	시모노세키	시민회관	87	1,781	62
	11/13-14	오비히로	오비히로시민문화홀	84	1,841	54
2015	4/8-9	교토	비와코홀	87	2,285	101
	10/28-29	오이타	오이타그란시어터	70	2,487	101
2016	5/18-19	오카야마	오카야마심포니홀	63	2,306	81
	11/22-23	오사카	오사카국제회의장	132	3,327	73
2017	7/25-26	도쿄	동경국제포럼	198	6,305	169
2018	5/30-31	삿포로	와쿠와쿠홀리데이홀	70	1,703	41
	11/13-14	후쿠오카	후쿠오카심포니홀	87	1,915	43
2019	5/15-16	시즈오카	시즈오카현컨벤션센터	70	2,456	81
	11/6-7	구마모토	쿠마모토시민회관	59	1,738	129
2021	10/27-28	야마가타	야마가타현민홀	31	2,196	83
2022	11/2-3	미야자키	메디키트현민문화센타	31	1,220	209
2023	10/11-12	센다이	센다이선플라자홀	50	1,997	168
2024	5/15-16	효고	고베문화홀	110	2,635	643
합계				3,251	102,857	3,888

주요 맞춤전도집회 분석과 평가

이번 장에서는 온누리교회에서 실행된 맞춤전도집회 중 의미 있는 집회를 대상자의 필요 분석, 복음과의 접촉점 그리고 각 집회의 기획의 중요 원칙을 서술하여 분석하였다. 대상자들의 문화와 필요 분석을 위해서는 선교지의 문화적 분석 전문가인 A. 스콧 모로(A. Scott Moreau)의 분석 기준을 참고하였다. 스콧 모로의 분석 기준은 그들을 구성하고 있는 문화가 단체주의(Collectivism)인지, 개인주의(Individualism)인지를 구분하며, 조직이나 역할의 힘, 즉 위계질서를 얼마나 중요하게 여기는지에 따라 High or Low Power Distance로 구분하며 살핀다. 삶의 패턴이 약속과 질서를 어떻게 중시하는가에 따라서 단일시간(Monochronic) 혹은 복합시간(Polychronic) 문화로 구분한다. 또한 문화적 틀이 가져다주는 압력 요인을 살피며 그에 따른 심리적인 상황을 관찰할 수 있다.[76] 스콧 모로의 분석 기준이 한국 문화 분석에 모두 적합한 것은 아니기에 선별적으로 적용하여 대상에 따라 기준을 약간 상이하게 적용하였다.

문화적 상황 분석	Personal Needs 무엇에 관심이 있으며 어떤 필요가 있는가?
	Cultural Values 문화적인 가치 척도들 - Collectivism vs Individualism - High power distance vs Low power distance - Polychromic vs Monochromic
	Cultural Institutional Pressures 사회적 상황이 주는 영향
복음과의 접촉점	Scriptural Perspectives 상황과 연결이 되는 복음과의 접촉점

연령별 맞춤전도 Case #1 :
40대 남성을 위한 '비상구'

'비상구'는 2001년 온누리교회에서 진행된 최초의 맞춤전도집회이다. IMF 시대의 사회적 위기로 어려워하던 40대 남성을 대상으로 진행되었다.

타이틀 : 비상구

대한민국은 1997년부터 2001년까지 IMF 구제금융을 의지해야 할 정도로 경제 상황이 어려웠다. 많은 40대 남성이 직장이나 사업처를 잃게 되면서 자살률까지 오르는 상황이었다.[77] '비상구'는 두 가지 목적을 갖고 시작하였다. 첫째, 정서적·심리적으로 위기 가운데 처한 믿지 않는 40대 남성들을 교회로 초대하여 그들에게 위로의 메시지를 전함으로써 복음을 듣고 예수님을 영접하도록 하는 것이다. 둘째, 가정의 중요함을 강조하고 그들의 가족이 만난 하나님을 동일하게 만나게 하는 것이다. 타이틀을 '비상구'로 정한 것은 현실에 절망하며 어디론가 도피하고 싶은 40대 남성들에게 '피할 수 있는 문이 여기 있습니다', '예수님이 비상구입니다'라는 메시지를 전하고자 한 것이었다. 세상적인 성공을 기대하며 바쁘게 열심히 살아왔던 지친 40대 남성들에게 진정한 쉼과 도피처가 어디에 있는지를 복음을 통해 제시하는 시간이었다.

문화적 상황

2001년 당시 40대 남성의 문화를 살펴보면 산업 전반에 걸쳐 개인적으로 특출해야 성공할 수 있다는 분위기가 기저에 깔려 있었다. 그들의 부모님 세대가 단체주의라 한다면 그들은 개인주의에 가깝기에 자신이 어려운 상황에 처했을 때 다른 사람에게 도움받는 것을 부담스러워했다. 성장 과정에서 부모님으로부터 대개 권위적인 방식으로 교육을 받고 자랐기 때문에 자녀들과도 문화적인 차이가 있었다. 초등학생부터 고등학생까지 취학 자녀를 둔 시기로 자녀는 부모로부터 독립하여 자아 정체성을 확립하려는 과정에 있었다. 부모님을 모셔야 하는 부담과 사춘기 자녀들을 부양해야 하는 압박감이 매우 크기에 가정 안에서 대화의 갈등이 발생하기 쉬웠다.

그들은 질서가 분명하고 조직이 확실한 문화 속에 일을 경험하였기에 시간과 규칙에 정확하며, 그렇게 해야만 성공하는 문화에 익숙했다. 그들의 노력이 하나하나 쌓여 성공을 경험하려 할 때 뜻하지 않은 경제 위기로 인해 그동안 지켜 왔던 문화 질서가 무너져 무척이나 혼란스러운 상황이었다. 구조 조정으로 인해 평생직장 개념이 붕괴되었고 새로운 대안을 찾아 헤맬 수밖에 없었다. 하지만 현실적으로 그들이 선택할 수 있는 대안은 매우 취약한 것이었다. 아날로그 문화에 익숙한 그들에게 디지털 문화에 적응해야 하는 상황은 피로감만 쌓이게 만들었다. 또한 그들 대부분은 과거에 교회에 적어도 한번은 방문한 경험이 있거나, 주일학교를 다녔던 경험도 있었다. 다시 교회에 가보고 싶었지만 그동안 계기가 없었다. 그들은 바쁜 일정으로 당장 신앙을 필요로 하고 있지 않았다. 신앙 대신 지금 당장 행복할 수 있는 것을 찾았기 때문이다.

2001년의 40대 남성은 다른 연령대에 비해서 삶에 대한 만족도가 가장 낮았으며 가장 많은 스트레스를 받는 세대로 나타나고 있었다.[78] 가족과 보내는 시간보다 회사에서 보내는 시간이 더욱 많았다. 이로 인해 가족의 행복지수가 낮은 편이었다. 직업의 구조상 다른 연령대에 비해 40대의 업무는 많은 편이다. 시간과 건강과 직장에서의 긴장감은 스트레스로 인한 과로사로 이어지기도 한다. 목회의 사회적 실천에 대하여 연구하는 조성돈 교수는 40대를 아래와 같이 분석하였다.

> 40대는 위기의 세대이다. 40대 위기론이나 상실의 시대라는 표현으로 위기는 잘 드러나고 있다. 정신분석학자들은 이 시기를 우울증, 혼외정사, 또는 직업 전환 등으로 설명하고 있다. 중년기에는 여러 가지 변화가 일어난다. 정체성의 재평가가 이루어지고 그와 수반되는 많은 사회적·심리적 어려움이 나타난다.[79]

48명의 믿지 않는 40대 남성들을 대상으로 설문을 진행한 결과, 그들이 일상 중에 가장 많은 스트레스를 경험하는 부분은 직장 내 업무가 31.3퍼센트, 직장 내 동료가 25.0퍼센트였다. 직장에서 경험하는 스트레스만 56.3퍼센트로 많은 부분을 차지한다. 이들이 나름 스트레스를 해소하기 위해 스포츠 정도를 겨우 시도하지만, 대부분 시간이 없거나 술자리 등으로 피로감이 누적되어 그마저도 하지 못하는 상황이다. 스트레스 해소를 위한 시간이 일주일에 열 시간 이상인 경우가 2.1퍼센트 정도로 매우 낮은 수치이다. 이만큼 삶의 절반이 직장과 이어지는 업무의 과중함 속에 살고 있다. 설문 결과, 스트레스 해소에 문화생활이 도움이 되었다는 응답이 50퍼센트가 나오는 것은 희망적인 결과라고 볼 수 있다. '종교를 갖는다면 어떤 종교를 선택할 것인가?'라는 질문에는 기독교 41.7퍼센트, 불교 29.2퍼센트, 천주교 18.8퍼센트로 응답했다. 이는 당시 40대들이 교회에 대한 기대와 희망을 여전히 가지고 있다는 증거였다.

복음과의 접촉점

40대 남성들의 심리적인 특성은 '쉬고 싶다', '탈출하고 싶다'는 열망이었다. 심리적으로 어려운 상황에서 비상구는 탈출, 기회, 그리고 안정의 의미가 있다. 전도집회 '비상구'는 위기에 처한 40대들에게 "수고하고 무거운 짐 진 자들아 다 내게로 오라 내가 너희를 쉬게 하리라"(마 11:28)고 초청하시는, 비상구 되신 예수님을 소개하였다. 쉼 없이 가족을 위해, 회사를 위해 달려온 40대 남성들일지라도 먼저 '회개와 각성'을 요구할 수도 있을 것이다. 전도에 있어서 성령님의 역사는 말씀을 통해서 어떤 일도 이루실 수 있기 때문이다. 그러나 온누리교회는 예수님이 삭개오와 우물가의 여인과 접촉점을 이루신 것처럼 먼저 그들을 격려, 위로하고 그들의 입장에서 함께한다는 메시지를 전해 주었다. 이들에게 먼저 쉼과 탈출의 기회를 제공하는 메시지를 전함으로써 복음과의 접촉점을 만들어 삶에 지쳐 힘들어하는 이들에게 쉼과 탈출구가 되시는 예수님을 먼저 전했다.

집회 평가

온누리교회가 최초로 시도한 맞춤전도집회로서 당시 가장 위기 상황에 있었던 40대 남성만을 대상으로 차별화된 전도집회를 가진 것은 신선한 반향을 일으켰다. 믿지 않는 40대 남성들이 교회가 자신들을 정죄부터 하지 않고 먼저 격려와 위로를 주는 메시지로 접근한 것에 대하여 긍정적으로 호응해 주었고, 교회에 대한 마음의 문을 여는 계기가 되었다. 예배당을 식당으로 꾸민 시도는 믿지 않는 사람들이 교회에 대하여 가지는 고정관념을 깨뜨리는 계기도 되었다. 하나님이 지친 40대 영혼들을 위해 잔치를 베풀어 주시기 위해 교회의 문화를 변화시키면서까지 노력하고 있다는 면이 긍정적으로 작용하여 복음에 마음의 문을 열어 주었다. 3일 동안 펼쳐진 그들에게 집중된 프로그램과 메시지는 그들이 복음을 확실히 각인하고 영접하는 기회를 제공했다. 대상자들은 3일 동안 테이블 리더와의 깊은 나눔의 교제 시간을 가졌다. 많은 중보기도자가 그들을 위해 기도하며 진행했는데, 대상자들은 자신이 존중받고 있다는 데에 감동하였다. 40대 남성들이 3일 동안 계속 집회에 참석하는 것이 쉬운 일이 아니지만, 그들은 3일 동안에 기획된 프로그램에 참여하여 메시지를 듣고 그들의 인생에서 가장 중요한 것을 발견하는 기회가 되었다.

비상구 메시지 요약[80] :
"당신을 위한 비상구" (故 하용조 목사)

보통 40대를 불혹의 나이라고 말하는데, 우리 사회에서는 유혹의 나이인 것 같습니다. 40대는 우리 인생의 가장 큰 위기일 수도 있고, 축복일 수도 있습니다. 우리의 인생은 청년기를 지나면 중년기로 넘어가는데, 보통 중년기를 55세까지라고 합니다. 그런데 그중 35-45세가 가장 위험하고 갈등이 많은 나이라고 합니다. 40대가 느끼는 가장 큰 어려움은 삶의 의미를 잃어버리는 것입니다. 30대는 열정을 갖고 열심히 살아가는데 40대에 들어서면 그동안 정신없이 살아오던 삶의 모든 영역에서 권태와 허무를 느끼기 시작합니다. 열심히 땀 흘려 살았던 삶의 대가로 어느 정도 성공의 문턱에 오르고, 일정한 수준의 삶을 이룰 수 있게 되었습니다. 그러나 무엇인가 이루었다고 느끼는 그 순간 불현듯 권태와 허무함이 찾아오며 삶의 의미와 방향을 잃어버리게 되는 것입니다. 40대의 또 다른 문제는 건강의 문제입니다. 언제부터인가 머리가 희어지면서 염색을 고민하기 시작합니다. 머리가 빠지고 피부도 거칠어지고 주름살만 늘어 갑니다. 자고 일어나도 피곤이 풀리지 않고 신체가 급격히 허약해지는 것을 느낍니다. 정서적으로 불안해지기 시작하고 안정감이 사라지며 매사에 초조하고 쫓기는 마음이 들기 시작합니다. 40대는 두려움의 시기입니다. 그렇게 자신만만하던 표정이 사라지게 되고 불안하고 막연한 두려움이 찾아옵니다. 죽음에 대한 두려움, 미래에 대한 두려움, 성적 위축감 등에 사로잡히게 됩니다. 직장에서도 외롭고, 자녀들 앞에서도 떳떳한 아빠가 되지 못하고, 아내 앞에서도 자랑스러운 남편이 되지 못했다는 생각으로 방황하고 있는 자화상이 중년에 들어선 우리의 모습입니다.

제가 영국에서 귀국하여 온누리교회를 시작했을 때가 40대 초반이었습니다. 그때 출석 교인이 열두 가정이었는데, 지금 이렇게 큰 교회가 될 때까지 나는 40대를 반쯤 미친 사람처럼 보내 왔습니다. 나는 지난 40대를 '황홀한 40대'라고 부릅니다. 너무 좋아서 40대가 위기라는 사실을 한 번도 느껴보지 못한 채 여기까지 왔습니다. 좋은 사람을 만났고, 하나님의 기적을 보았고, 성령의 역사가 함께하는 일을 40대에 많이 겪었습니다. 그런데 50 초반에 들어서면서 40대 때 한 가지 실수를 했다는 생각을 했습니다. 건강 관리를 하지 못한 것입니다. 미친듯이 교회를 위해 살다가 50대 초반에 암을 발견해 수술했습니다. 그 후 간암 2차 수술을 받고, 또 3차 수술까지 받았습니다. 40대에 가정을 지키지 않고, 인생의 방향을 잡지 못하면 50대에 대가를 치릅니다. 어떤 사람은 걷잡을 수 없는, 회복할 수 없는 대가를 치르기도 합니다. 지금이 중요한 때입니다. 오늘 이 자리에 온 사람들은 저마다 어려운 걸음을 했을 것입니다. 강권에 못 이겨 나온 사람도 있고, 오고 싶어 온 사람도 있고, 속는 셈 치고 온 사람도 있을 것입니다. 여러분이 어떻게 왔든, 중요한 것은 하나님이 당신을 부르셨다는 사실입니다. 이 자리에 있는 것이 은혜입니다.

우리 삶에 중요한 것은 방향입니다. 속도는 중요하지 않습니다. 얼마나 많은 능력을 가졌고, 알찬 열매를 맺고, 자신이 뜻한 바를 성취했느냐가 전부가 아닙니다. 일찍 가고 빨리 가는 것이 중요한 것이 아니라 바른 방향으로 가는 게 중요합니다. 삶은 좀 천천히 가도 괜찮지만 방향은 잘못 잡으면 사고가 납니다. 자식이 죽든, 자신이 몹쓸 병에 걸리든, 사업이 부도가 나든지 합니다. 소위 재벌이라 불리는 사람들이나 권력을 가졌던 사람들을 보면, 돈도 권력도 결국 믿을 게 못 된다는 것을 알 수 있습니다. 직장도, 사업도, 어떤 것도 당신을 보장해 주지 못합니다. 건강한 삶을 살려고 열심히 운동한다고 해서 건강이 보장되지도 않습니다.

우리가 인생의 닻을 내려야 할 곳은 어디입니까? 인생의 키로 방향을 잡아야 할 곳은 어디입니까? 단 한 곳, 바로 하나님입니다. 이제 결정해야 합니다. 하나님은 우리를 다 이해하실 수 있지만, 우리는 하나님을 다 이해하지 못합니다. 인간인 우리는 결코 하나님을 다 이해할 수 없습니다. 그렇기 때문에 믿는다는 것은 받아들이는 것입니다. 다 이해가 되지 않더라도 일단 믿음으로 받아들이는 것입니다. 배가 고픈 사람이 눈앞에 차려진 음식을 놓고 분석만 하고 있다면 배가 부르겠습니까? 영양가가 어떻고, 어느 나라 음식이고… 아무리 토론해 봐야 배는 부르지 않습니다. 정성스럽게 밥을 차려 준 사람을 믿고 먹을 때 배가 부르게 되는 것처럼, 지금은 믿음을 받아들여야 합니다.

이제 더는 방황하지도 흔들리지도 말아야 합니다. 이제 당신의 영혼이라는 닻을 내려야 할 때가 되었습니다. 인생의 위기 앞에 선 우리에게 비상구가 보입니다. 우리는 그곳으로 뛰어가야 합니다. 지금이 바로 당신의 인생에서 가장 중요한 탈출을 시도할 때입니다. "수고하고 무거운 짐을 진 사람들아 다 내게로 오라 내가 너희를 쉬게 하리라"마 11:28. 지금은 인생의 방향을 전환할 때입니다. 우리의 지성은 너무 연약하고 우리의 경험은 한계가 있습니다. 우리의 이성은 불완전합니다. 그러므로 이제 겸허하게 하나님의 초청에 귀를 기울이기 바랍니다. 하나님은 지금 당신에게 말씀하십니다. "Come to me! 내 가슴은 넓다. 나는 너를 사랑한다. 나는 너를 기다렸다. 이제 눈을 뜨고 귀를 열고 마음을 열어서 내 품에 안겨라. 네 인생을 새롭게 시작하라." 이것이 하나님의 음성입니다. 이 시간을 통해 하나님의 음성에 귀 기울이는 축복이 있길 바랍니다.

연령별 맞춤전도 Case #2 : 65세 이상 부모님을 위한 '행복드림(Dream)콘서트'

2013년 믿지 않는 부모님을 대상으로 하여 맞춤전도집회 '행복드림콘서트'가 진행되었다. 가장 전도하기 어려운 대상자일 수도 있는 부모님을 전도하기 위하여 오랫동안 기도해 온 자녀들이 함께 기도하고, 전도사역본부와 함께 기획하여 준비한 집회이다. 초대된 425명 부모님 중 318명이 결신하여 75퍼센트의 결신률을 이루었다. '행복드림콘서트'는 2013년 이후로 매년 5월 어버이날을 맞이하여 지속적으로 진행하는 집회로 발전했다.

타이틀 : 행복드림(Dream)

당시 65세 이상의 부모님들은 한국 역사상 가장 힘들었던 시대를 살아왔다. 어려운 시대를 살아오면서도 자녀를 헌신적으로 양육해 주신 부모님들에게 감사의 시간을 마련하고 부모님의 삶을 귀하게 인정해 드림으로써 삶의 가치를 알려 주고자 했다. 무엇보다도 자녀가 부모님에게 드릴 수 있는 최고의 선물은 예수 그리스도를 만나 구원 얻는 행복이기에 예수님을 영접하고 구원을 확신하는 기회가 되도록 했다. 65세가 넘으신 부모님들은 죽음에 대한 두려움을 갖고 있었다. 이들에게 영생의 소식을 전하여 복음을 받아들이게 하는 것이 절실히 필요했다. 부모님들이 죽음의 두려움에서 벗어나 복음으로 영생을 맛보는 삶의 행복을 드리려는 목적으로 '행복드림'이라는 타이틀을 사용했다.

문화적 상황

당시 '행복드림콘서트' 대상자들은 경제적으로 가장 어려웠던 시대를 살았던 세대였다. 또한 한국 경제를 지금의 수준으로 끌어올려 준 주인공들이며, 어려움 가운데에서도 부모님을 부양했던 세대였다. 연약해진 부모님을 모시고 살며 대가족 체제로 부모님, 자신, 그리고 자녀들 3세대가 함께 살며 서로를 부양하는 시대를 살아왔다. 지금은 가족제도와 구조가 핵가족으로 변하여 자녀가 부모님과 함께 사는 일이 드물고 각자의 주택에서 떨어져 살다가 가끔 부모님을 찾아뵙는 젊은 부부가 많다. 때문에 65세 이상 부모님들은 과거 부모님을 섬겼던 추억과 비교하면서 서운한 마음이 들기도 한다. 이들은 불교 문화에 익숙하여 조상신을 모시는 제사 문화 속에서 자랐기 때문에 명절이나 부모님의 기일에 제사라는 의식을 통해 못다한 효도를 하는 한국적 윤리의식을 오랫동안 지켜 왔다. 그들은 자녀가 교회에 다니면 자신이 사망한 이후에 아무도 자기 제사를 챙겨 주지 않을까 봐 염려하기도 한다.

그들은 자녀를 많이 낳는 시대에 어린 시절을 보내어 대가족의 삶에 익숙한 반면, 1970년대 산아제한 제도로 인하여 한두 명의 자녀만 두고 있다. 여러 형제와 함께 자라난 자신들과는 달리, 숫자가 적은 자녀들의 삶의 방식에서 외로움을 느낀다. 한국 문화가 집단 문화(collectivism)에서 개인적인 문화(individualism)로 변화됨을 가장 민감하게 느끼는 세대이다. 이분들은 집단 문화에 익숙하여 항상 공동체를 생각하며 어려울 때 서로 도와야 한다는 문화의식을 갖고 있다.

　65세 이상의 부모님들은 유교와 불교가 의식구조에 깊이 자리 잡고 있다. 권선징악의 세계관으로 착하게 살면 된다고 하는 종교적 의식이 깊이 잠재되어 있다. 또한 65세 이상의 부모님들은 대중매체를 통해 교회에 대한 부정적인 소식을 자주 접해 교회에 대한 부정적인 인식을 갖고 있다. 그러므로 이 집회를 통해 기독교에 대한 인식을 새롭게 하는 것이 필요했다. 65세 이상의 부모님들은 위계질서 의식이 높다. 오래전부터 내려오는 유교 사상 때문에 어르신들을 잘 모시고 존경하는 것을 삶의 큰 덕목으로 여긴다. 또한 결혼 대상자를 선택할 때 부모님이 정해 주어야 하는 문화에 익숙할 정도로 윗사람의 결정을 존중했다. 부모님의 결정에 따라야 가정의 질서가 바로서고 안전하다는 인식 때문이다. 그리고 아직도 남성의 권위를 강조하는 가부장적인 사고를 가지고 있기에 자녀가 부모의 종교나 신념을 따르지 않고 먼저 복음을 받아들여 부모에게 전하는 것을 받아들이기 어려워한다.

　65세 이상의 부모님들의 관심은 노년을 어떻게 잘 보낼 것인가이다. 자녀들에게 짐을 지우고 싶지 않기 때문이다. 개인주의 문화에 익숙한 자녀들에게 의지하지 않고 자신의 인생을 어떻게 잘 마무리할 것인가 고민한다. 점점 다가오는 죽음에 대해 아픔과 고생 없이 맞이하길 기대한다.

심리적 상황

한국 사회에서는 연령이 높아질수록 삶에 대한 만족도가 낮아지고 있다. 이는 노인 집단에서 개인이 갖는 경제적·사회적 자본의 감소로 인한 상실감 및 소외감이 삶에 대한 만족도에 영향을 끼치는 것으로 해석할 수 있다.[81] 노년기에 진입한 60대는 다른 가족 구성원들과 친밀감 있는 교류가 다소 약해지는 반면, 자녀에 대한 의존성은 커진다. 설상가상 경제적 능력까지 저하되면 노후 보장이 불안정해지고, 노년기 빈곤이 찾아온다.

60대를 대상으로 한 설문조사 결과 자신들은 교회에 다니지 않지만 자녀들이 교회 생활을 하는 것에 긍정적으로 답한 경우가 71.1퍼센트로 매우 호의적이었다. 또한 부정적으로 생각하는 사람들의 이유는 교인들에 대한 부정적인 이미지가 58.8퍼센트, 자신의 믿음 부족이 21.9퍼센트, 다른 종교를 갖고 있음이 10.5퍼센트였다. '부모님이 종교나 교회와의 관계를 더 발전시킬 수 있을까?'라는 질문에는 '아니요'가 58.8퍼센트로 반수가 넘었다. 60대 부모님들이 젊었을 때는 지금 시대의 개인주의와 매우 다르다. 워라벨과 역할 분리를 철저하게 여기는 요즘 세대와 달리 사람과 사람 간의 관계를 더욱 중요시하며 약속을 중시하는 사회였다. 그러므로 자기 중심으로 정해진 시간에만 일하는 것을 이기적으로 간주하며, 정해 놓은 시간과 규칙을 넘어서서 자신을 희생하는 것을 미덕으로 여긴다.

복음과의 접촉점

65세 이상의 부모님들은 죽음을 생각하게 되는 세대이다. 인생의 경험에서 진정한 행복이 무엇인지에 대하여 나름대로 생각해 본 경험이 있는 분들이다. 결국 죽음이라는 문제를 해결하지 못하면 진정한 행복은 경험할 수 없다는 것을 정중하고 진솔하게 전하는 것이 중요하다. 다른 어떤 세대보다도 영원부터 계셨던 진리 되신 예수님 그리고 십자가의 진리를 직접적으로 소개하는 메시지가 중요하다. 죽음에 대한 미래의 불확실성에 두려워하는 부모님에게 죽음을 이기고 영원한 생명을 주시는 예수님을 소개하여 구원의 초청과 새로운 생명으로 힘을 얻고 소망을 가질 수 있게 해야 한다. 이를 위해 부모님에 대한 자녀들의 진심이 담긴 감사와 사랑의 표현이 있어야 한다. 자녀들의 사랑 표현과 영원한 생명에 대한 복음 선포가 함께 어우러져 믿지 않는 부모님들의 마음을 울리게 된다.

집회평가

부모를 초청해야 할 자녀들을 위한 요청자 기도 모임을 갖고, 요청자 (자녀들)가 지금의 부모님의 상황을 이해할 수 있도록 돕는 세미나를 진행한다. 세미나를 통해 그동안 부모와의 관계가 불편했다면 그것을 해결할 수 있는 방법을 알려 준다. 부모님과 대화하는 법, 부모님에게 편지 및 카드 보내기, 작은 선물 등을 통해 부모님과의 관계를 부드럽게 하는 것을 과제로 제시한다. 중보기도 그룹을 네 명 정도로 구성하여 함께 기도하게 한다. 부모님에게 해드릴 발 마사지를 교육하고, 실천을 통하여 부모님의 마음의 문을 열고 맞춤전도에 초청할 기회를 갖게 한다. 초청받아 온 부모님과 자녀들이 함께 잘 준비된 식사 테이블에 앉아 식사를 한다. 테이블에는 이미 준비된 테이블 리더가 부모님을 잘 맞이하며 대화의 창을 열어 처음 방문한 부모님에게 편안함을 준다. 들어오는 입구부터 테이블에 앉아 식사할 때까지 마치 좋은 식당에서 온 것과 같은 분위기를 조성한다. 부모님만을 위한 잔치의 분위기와 공연과 복음 제시가 함께 이어지도록 한다.

부모님 세대가 가장 듣고 싶어 하는 "부모님 때문에 우리가 잘 자랐습니다", "부모님이 존경스럽습니다"라는 말을 자녀가 직접 만든 영상이나 카드 등을 통하여 전하며, 아울러 진정한 행복은 예수님과의 만남이라는 메시지를 전한다. 알리스터 맥그래스(Alister McGrath)는 복음 전도에 있어서 하나님의 이야기라는 결정적 서사가 개인의 서사를 해석할 수 있도록 연결해 주는 것이 중요하다고 강조한다.

> 기독교 신앙은 궁극적으로 하나의 서사에 근거한다. 성경에 나와 있는 그 서사는 역사 안으로 들어와 자신을 드러내기로 결정하신 하나님을 다룬다. 우리가 하나님의 이야기를 할 수 있는 것은 결정적 서사, 즉 예수 그리스도의 십자가 사랑을 통한 하나님의 성품을 드러내는 동시에 그분의 백성의 정체성을 형성하는 서사를 통해 하나님의 성품이 나타나거나 표현되는 것을 볼 수 있기 때문이다.[82]

일평생 자신의 사고방식과 자신들의 세계관으로 살아온 분들에게 예수님을 전하기 위해서는 하나님의 이야기를 통하여 예수 그리스도가 이 땅에 오신 사실을 전하는 것이 필요하다. 결신하기 전에 부모님에게 자녀들이 준비한 편지를 읽어 주는 시간은 서로가 진지하게 자신의 이야기를 되돌아보며 하나님의 이야기 속에 담긴 사랑을 전하는 시간으로 매우 적절하다. 전도집회를 마치고 부모님은 자녀와 함께하는 기차 여행을 통해 즐거운 추억을 만든다. 부모님에게 기차 여행은 좋은 추억의 교통수단이며 학창 시절 단체 여행의 추억을 상기시켜 준다. 부모님을 모시고 가족의 따뜻한 분위기 속에서 행복을 느끼며 여행하는 시간으로 보낸다.

'행복드림콘서트'는 부모님에게 감사의 마음을 충분히 표현하지 못했던 자녀들이 진심으로 감사의 마음을 표현하는 시간이 되었다. 다른 때보다 더 부모님에 대한 존경하는 마음과 감사를 표시하는 것은 부모님을 하나님 앞으로 인도하는 데 큰 역할을 하게 되었다. 부모와 자녀 관계의 소중함을 깨닫게 되고 서로를 이해할 수 있는 시간과 기회가 되었다. 예수님이 한 영혼을 대할 때마다 그들의 슬픔과 아픔을 이해하고 대화하였듯이 부모님이 자녀에게 듣고 싶은 위로의 언어를 찾아주고, 진심을 전하는 시간이 되었다. 중보기도 모임을 통하여 요청자들은 부모님들을 위해 기도하게 되고 신앙적으로 더욱 성숙해 가는 것을 경험하게 된다. 개인의 능력이 아니라 공동체가 함께 섬김으로써 큰 열매를 얻게 된다. '행복드림콘서트'에 참석한 이성화 씨는 이렇게 소감을 밝혔다.

저는 딸의 초청으로 오늘 이 자리에 참석하게 되었습니다. 이곳에 있는 내내 마치 천국에 온 것 같은 기분이 들었습니다. 여러 연예인 분들도 직접 보고 재미있는 시간도 보내면서 너무 기분이 좋고 즐거웠습니다. 무엇보다도 이재훈 목사님이 전해 주신 좋은 말씀을 통해 영원히 살 수 있다는 '희망'을 알고 깨닫게 되어서 행복합니다. 그래서 오늘 예수님을 알고 믿어 보겠다고 결심하고 돌아갈 수 있게 되었습니다. 온누리교회에 너무 고맙다는 말을 전하고 싶습니다.[83]

"희망은 나이 들지 않는다"

EBS에서 제작한 프로그램 중 "황혼의 반란"이라는 것이 있다. 1982년으로 시간을 되돌려 모든 환경을 30년 전 과거로 만들어 놓은 실험실에서 가수 한명숙(78), 코미디언 남성남(82), 성우 오승룡(78), 프로레슬러 천규덕(81), 배우 하연남(86), 사진작가 김한용(89)씨가 일주일간 30년 전으로 되돌아가 생활하게 하였다. 그들은 모두 30년 전으로 돌아간다. 30년 전 사용하던 물건들을 다시 꺼내 사용하면서 당시를 추억한다. 당시 음악을 듣고, 책과 신문을 읽고, 춤을 추고, TV 프로그램들을 보고 생활한다. 당시 사회 이슈를 가지고 토론하고, 당시 나이에 맞게 식사도 스스로 준비한다.

왜 이런 실험을 한 것일까? 현재 건강 상태를 모두 점검하여 체크해 놓고 일주일 생활 후에 신체에 어떤 변화가 오는지를 확인하는 것이다. 이들은 모두 계단 하나 자유롭게 오르지 못하는 상태였으나 모든 것을 예전처럼 혼자 해야 한다. 이렇게 마음을 과거에 두고 젊은 시대라고 생각하고 생활하면 과연 변화가 나타날까? 결론은 변화가 나타났다는 것이다. 지팡이를 의지하던 사람이 지팡이 없이 춤을 추고, 계단을 오르내렸다. 기억력과 언어능력, 운동능력이 좋아지고, 스트레스가 없어졌다. 실제로 몸이 젊어졌다. 몸과 마음은 아주 밀접하게 연결되어 있다는 것이 증명되었다. 실제로는 사실이 아닌데 마음으로 그렇게 생각하고 최면을 걸듯이 그렇게 생각하고 간주하는 것이 큰 영향을 미쳤다. 이 실험은 하버드대학교의 앨런 랭어라는 박사가 '마음의 시계를 거꾸로 돌리는 연구'를 통해서 실제 여러 나라에서 실험으로 이루어진 것인데, 이를 통해 '나이는 숫자에 불과하다'는 것을 밝혔다. 신체의 시계보다 더 중요한 것은 마음의 시계인 것이다.

이 실험을 과거가 아니라 미래에 적용해 보면 어떤 일이 일어날까? 마음의 시계를 과거 몇 십년 전으로 돌려놓고 그 마음을 따라 생활해도 놀라운 일이 일어났는데 만일 마음의 시계를 영원으로 고정시켜 놓고 산다면 어떤 일이 일어날까? 과거로 돌려놓고 생활하는 것보다 비교할 수 없는 놀라운 일이 일어날 것이다. 과거로 계속 되돌리며 살아도 우리는 가는 시간을 막을 수는 없다. 시간을 앞서 나가면 어떻게 되겠는가 생각해 보라. 인간이 죽음으로 끝나는 것이 아니라 영원히 산다고 생각해 보라. 생각만이라도 해보라. 그렇게 생각하면 분명히 변화가 일어난다. 그런데 만일 실제로 영원히 살 수 있고 그것을 믿고 산다면 단지 생각한 것보다도 훨씬 더 엄청난 효과가 일어날 것이다.

성경은 우리의 마음의 시계를 미래로 앞서 돌리되 영원한 생명으로 살 것을 확실히 믿으라고 말씀한다. 이것이 희망이다. 미래의 희망을 가지고 살아가는 사람과 희망이 없이 살아가는 사람은 너무나 큰 차이가 있다. 인간에게는 희망이 필요하다. 물고기에게 물이 있어야 하듯 인간에게는 희망이 있어야 살 수 있다. 인간의 몸에 호흡과 양식이 필요하듯 인간의 영혼에는 희망이 절대적으로 필요하다. 하나님이 인간을 창조하실 때 미래를 희망해야만 살 수 있는 존재로 만드셨기 때문이다. 희망을 잃어버린 사람은 죽음을 생각하게 된다. 그래서 덴마크의 철학자 키르케고르는 희망을 잃어버린 절망을 죽음에 이르는 병이라고 말했다. 사실 살아 있는 사람 중에 이 병에 걸리지 않은 사람은 아무도 없다. 인간은 너무나 쉽게 절망한다. 엄청난 대 재난 앞에서만 절망하는 것이 아니라 아주 사소한 문제 앞에서도 절망한다. 병원에서 암 진단을 받은 사람들은 대개 그 순간부터 절망하기 시작한다. 인간은 강해 보이지만 너무나 연약하다. 가장 무서운 절망은 자기 자신에 대하여 절망하는 것이다. 절망에 빠진 사람들은 자기 자신을 싫어하게 된다.

어느 대학의 심리학과에서 다음과 같은 실험을 했다. 두 개의 큰 물통에 물을 가득 채우고 몸집이 비슷한 쥐를 한 마리씩 집어넣었다. 이 두 통의 차이점은 하나는 뚜껑이 닫혀 있었고, 다른 하나는 뚜껑이 열려 있었다는 것이다. 물통에 빠진 두 마리의 쥐는 본능적으로 헤엄을 치기 시작하였다. 그런데 뚜껑이 닫혀 있는 물통에 빠진 쥐는 탈출구가 보이지 않자 쉽게 포기하였다. 쉽게 헤엄치기를 중단하고 4분이 채 못 되어 바닥에 가라앉아 죽게 되었다. 그런데 뚜껑이 열려 있는 물통에 빠진 쥐는 장장 36시간이나 쉬지 않고 헤엄쳐 실험이 끝날 때까지 살아남았다. 절망한 쥐는 곧 죽었고, 희망을 버리지 않았던 쥐는 살았다. 이 실험에서 우리는 희망이 있는 한 살 수 있다는 진리를 얻을 수 있다.

예수님은 세상에 희망을 주러 오신 분이다. 왜 예수님이 희망이신가? 첫째로, 예수님은 진실을 담은 희망을 말씀하셨기 때문이다. 예수님은 전혀 현실적이지 않은 막연한 기대를 불어넣으시지 않았다. 예수님은 다른 사람에게 어떤 말도 듣기 좋으라고 하신 적이 없다. 예수님은 어떤 상황 속에서도 진실하셨다. 그런데 우리는 다른 사람에게 희망을 주려고 할 때 진실을 감추고 희망을 말할 때가 있다. 진실을 말하기가 두렵기 때문이다. 진실을 말해 주면 희망을 잃어버릴 것이라고 생각하기 때문이다. 다른 사람을 진실하게 대하면서 동시에 희망을 준다는 것은 우리에게는 거의 불가능한 일이다. 그러나 예수님은 사람들에게 언제나 진실을 말씀하셨다. 죄 가운데 죽어 가는 인간의 진실을 말씀하셨다. 그런데 동시에 희망을 가지게 하셨다. 예수님은 진실을 담은 희망을 전해 주셨다. 예수님은 인간의 고통을 외면한 희망을 말씀하지 않으셨다. 예수님은 인간의 모든 고통과 아픔을 체험하셨다. 그러나 결코 그 고난이 예수님 안에 있는 희망을 무너뜨리지 못했다. 예수님의 마음은 언제나 희망으로 가득 차 계셨다. 그래서 예수님을 만난 사람들도 어떤 현실의 어려움 속에서도 희망을 가지는 삶으로 변화되었다. 삶의 비참한 현실 때문에 희망을 잃은 분들이 있는가? 예수 그리스도를 만나면 희망을 회복할 수 있다.

둘째, 예수님을 만난 사람들은 모두 연약하고 부족해도 희망을 가지고 살게 되었기 때문이다. 흠이 없고 금이 안 간 인생은 아무도 없다. 그런데 그 금이 간 틈새로 희망의 빛이 들어온다. 하나님은 사람의 과거보다는 미래에 더 깊은 관심을 가지고 계시다. 그가 과거에 어떤 부류의 사람이었는가보다 장차 어떤 사람이 될 수 있는지에 더 많은 관심을 두신다. 하나님은 과거의 하나님이 아니라 미래의 하나님이시다. 절망의 하나님이 아니라 희망의 하나님이시다. 과거 우리의 모든 것을 다 알고 계시는 하나님이 우리를 포기하지 않으시기에 우리에게 미래는 새로운 기회가 될 수 있다. 예수님이 선택하신 제자들을 보면 문제가 많은 평범한 사람들이었다. 그들은 예수님이 베푸신 능력과 사랑에 보답하지 못하는 사람들이었다. 제자들은 늘 예수님의 말씀을 이해하지 못했다. 예수님이 함께 기도하자고 하실 때 그들은 잠들었고, 예수님이 불의한 재판을 받고 십자가를 지실 때 그들은 도망갔다. 그러나 예수님은 그들에 대한 희망을 버리지 않으시고 그들을 회복시키셔서 세상을 변화시키는 주인공들이 되게 하셨다. 부족함과 연약함은 장애물이 아니라 하나님께서 사용하시는 도구가 될 수 있다.

셋째, 예수님이 모든 사람을 절망하게 하는 죽음을 이기고 다시 살아나셨기 때문이다. 세상에 절망할 수밖에 없는 것은 세상에서는 의로운 사람들보다 악한 사람들이 더 잘 살고 이기는 것처럼 보이기 때문이다. 예수님이 십자가에서 처형된 사건은 세상에 희망이 없다는 것을 보여주는 사건이다. 죄가 조금도 없으신 의로우신 분이 죄로 가득한 악인들에 의해 죽임당했기 때문이다. 만일 세상이 그렇게만 끝난다면 우리는 인생을 절망하며 살 수밖에 없다. 그러나 절망하지 않을 수 있는 길이 열렸다. 예수님이 죽음 가운데서 다시 살아나셨기 때문이다.

예수님의 제자들은 예수님이 죽으셨을 때 절망했다. 그 죽음을 이해하지 못했기 때문이다. 그런데 예수님의 죽음은 우리의 모든 절망을 다 가져가서서 못 박혀 죽으신 죽음이다. 십자가의 죽음은 세상의 모든 절망을 다 죽이신 죽음이다. 죽음을 죽인 죽음이다. 절망을 희망으로 바꾸신 죽음이다. 예수님은 역사상 가장 절망해야 할 그 순간 바로 최고의 희망을 말씀하셨다. 고난과 모욕을 받으시고 십자가에 못 박혀 죽으시지만 사흘 만에 다시 살아날 것이라는 희망의 말씀이다.

그들은 능욕하며 침 뱉으며 채찍질하고 죽일 것이나 그는 삼 일 만에 살아나리라 하시니라 (막 10:34)

종교 지도자 중에 자신이 죽을 것이고 곧 다시 살아날 것이라고 예언한 사람이 있는가? 유교의 공자는 죽음 이후에 대하여 말해 달라는 제자들에게 이렇게 말했다. "내가 살아 있을 동안의 일도 다 알지 못하는데 어찌 죽음 이후의 일을 알겠느냐?" 불교의 부처는 "죽음 이후는 그냥 아무것도 없는 무의 세계"라고 말했다. 그러나 예수님은 나는 삼 일 만에 다시 살아날 것이라고 말씀하셨다. 다시 살아나실 뿐만 아니라 우리를 위한 거처를 예비하러 가시고 또 다시 오셔서 우리를 그곳으로 데려갈 것이라고 말씀하셨다. 우리를 죽음의 절망 속에 버려두지 않으시고 우리를 새로운 세상으로 데리고 가신다는 희망의 약속을 주셨다.

인간의 절망은 하나님을 떠났기 때문에 찾아온 것이다. 태양을 거부한 식물은 죽을 수밖에 없다. 태양을 안 본다고 식물이 갑자기 죽지는 않는다. 그러나 서서히 죽어 간다. 뿌리 잘린 나무가 갑자기 시들지는 않는다. 그러나 서서히 시들어 간다. 하나님을 인정하지 않는다고 갑자기 무슨 일이 일어나지 않는다. 그러나 서서히 시들어 가고 죽어 가는 식물처럼 죽음에 이르게 하는 절망에 사로잡히는 것이다. 절망은 인간이 하나님의 통치를 받으며 살아야 한다는 것을 거부함으로써 찾아온 것이다. 그 대가로 인간은 모두 절망하게 되었고 절망 가운데 죽어 가게 되었다. 무엇이 우리의 희망을 가로막고 있는가? 뜻밖에 만나는 불행한 사건이 아니다. 희망을 가로막는 적은 바로 우리 안에 있는 죄이다.

진실을 인정하지 않는 불신앙이다. 그러나 예수 그리스도를 믿는 사람들은 희망 가운데 살아간다. 우리를 절망하게 하는 모든 죄를 예수님이 십자가에서 처리하시고 다시 살아나셨기 때문이다. 예수님은 인간의 절망까지도 사용하셔서 희망의 도구가 되게 하셨다.

예수님이 다시 살아나지 않으셨다면 우리에게는 희망이 없다. 인생이 영원할 수 없다면 우리 모두는 절망으로 살아갈 수밖에 없다. 십자가에서 우리를 대신하여 죽으신 예수님, 그분을 믿는 모든 이를 용서하신 하나님 안에 희망을 두는 자는 구원을 얻는다. 죽음을 두려워하지 않을 수 있는 영원한 생명을 얻는다. 예수님을 믿으면 죽음 앞에서도 노래할 수 있다. 죽음을 넘어선 영원한 삶이 기다리고 있기 때문이다. 이것이 우리에게 주시는 하나님의 선물이다. 가장 확실한 희망이다. 하나님은 여러분에게 이 희망을 선물해 주기 원하신다. 예수님이 여러분을 위해 준비하신 희망을 받아들이라.

직업별 맞춤전도 Case #1 :
의사를 위한 '러브터치'

같은 직업에 종사하는 사람들에게는 그들만이 갖고 있는 고유한 문화가 있다. 직업의 특수성으로 인해 형성되는 생활 패턴 등을 연구하여 맞춤전도의 대상을 정하는 것은 매우 효과적인 전략이다. 의사들은 고도의 전문직업인으로 생명을 보호하고 살리기 위해 다른 직업인보다 남다른 노력과 수고를 하게 된다. 그리고 환자들을 대하며 보람도 느끼지만, 바쁜 일정과 의료 업무로 인한 스트레스도 많다. 이러한 '의사'들을 위한 3일 동안의 '러브터치(Love Touch)' 맞춤전도집회를 진행하였고, 750명의 참석 인원 가운데 623명이 결신하여 83퍼센트의 결신률을 이루었다.

타이틀 : 러브 터치

'러브 터치' 맞춤전도집회의 목표는 의사들이 생명을 다루시는 창조주 하나님을 만나며 의사로서의 소중한 소명을 되찾게 하는 것이었다. 이들은 의사가 되기 위해 많은 시간과 노력을 투자하였으며 환자들을 치료해야 할 사명을 가지고 살아가고 있다. 그러나 생명을 다루는 그들의 업무상 스트레스가 너무 많고 생명에 대해서는 자신할 수 없는 한계를 경험하기도 한다. 인간의 노력만으로 생명을 살리는 데 한계를 느끼는 의사들에게 생명의 창조자 하나님을 소개하는 것이 중요한 콘셉트였다. 하지만 생명이 다시 회복되는 데 있어서는 의사들의 사랑의 손길은 필수적이다. 환자들에 대한 의사들의 모든 터치가 사랑의 터치가 되어 그들의 생명을 살리고 있기에 행사명을 '러브 터치'로 정하였다.

문화적 상황

의사들의 일정 대부분은 아픈 환자들을 만나는 것이다. 환자들의 생명과 연결되어 있기에 실수가 용납되지 않으며 그로 인해 업무상 스트레스가 많고, 그것이 자칫 소명과 사명감의 저하로 이어질 수 있다. 그들은 세월이 흐르면서 의사가 되고자 했던 사명감을 잃게 되었다고 스스로 고백하기도 한다. 또한 인터넷의 발달로 환자들이 잘못 알게 된 정보 때문에 의사의 권위와 전문 치료 방식에 대한 신뢰가 떨어져 치료에 차질을 빚는 경우가 있다 보니 이전보다 업무 스트레스가 많아졌다고 한다.

설문 조사 결과 의사들은 환자들이 치료가 되는 것에 대한 좋은 결과를 들을 기회가 적다는 것과 그들이 감사하다는 말과 좋은 결과를 듣고 싶어하는 것을 알게 되었다. 또한 바쁜 업무로 인해 가정에 소홀할 수 밖에 없으며, 휴일에도 환자들의 돌발적 증세로 병원에 나가야 하는 일이 잦은 직업이다. 의사들은 전문적인 지식으로 타인을 돌보지만 때로는 본인 스스로의 건강 관리에는 소홀한 편이라고 한다. 스트레스를 풀기 위해 술을 의지하기도 하며 취미활동을 통하여 스트레스를 해소하는 것에 시간을 투자하기도 하지만 역시 휴일은 집에서 잠을 자거나, TV 보는 것이 생활화되어 건강이 약화되기도 한다.

심리적 상황

소화기 내과 박효진 교수는 "국내에서 44개 의료기관 222명의 소화기 내과 의사를 대상으로 연구한 결과 근골격계 통증 경험 89.6퍼센트, 소화기계 증상 53.6퍼센트, 정신과적 증상이 68.9퍼센트가 발생했고, 64.4퍼센트에게서 번-아웃(Burn-out) 증상이 관찰됐다"[85]고 조사 결과를 발표하면서 의사들의 번-아웃 증후군의 위험성에 대하여 말하였다. 그밖에도 박민욱 기자는 "'평소 일상생활 중에 스트레스를 어느 정도 느끼고 있는가?'라는 질문에 전체 응답자 중 96.5퍼센트는 '평소 일생생활에 스트레스를 느낀다'고 응답했으며, 54.4퍼센트는 '스트레스를 많이 느끼고 있다'고 답

변했다. 실제로 우리나라 의사의 평균 진료량은 OECD 국가 중 가장 많고, 회원국 평균(연간 일 인당 7.4회)의 2.3배(연간 일 인당 17회)에 해당한다"[86]며 의사들의 높은 스트레스에 대해 말한다.

한국의 의사들은 위계질서에 대한 인식이 매우 강하다. 의사는 생명에 대한 소중함과 긴박함을 중시함으로 실수를 용납할 수 없다. 그러므로 조직과 매뉴얼을 정하여 하부에 전달하는 방식이 많다. 시간 엄수와 역할 분리, 정해 놓은 기준과 질서를 따르는 것을 중요하게 여긴다. 평균적으로 연봉이 일반 직장인 평균보다 몇 배 높은 고소득층이다. 그러나 업무에 많은 스트레스가 있고 그것을 풀 수 있는 개인적인 여유가 없다.

전문인으로서 경제적인 보상은 당연하다고 생각하지만, 개인병원과 종합병원의 의사들의 경제적인 관념은 많이 다르다. 개인병원은 본인의 의료시설로 인한 대출이 많아 그것을 갚아야 하는 스트레스가 많다. 결혼 전에 의사가 되기 위해 인턴, 레지던트 시절부터 교제하며 결혼을 한 가정이지만 가족과의 시간을 많이 가질 수 없고 바쁜 업무와 일에 대한 스트레스로 인해 가족과의 관계가 소홀해질 수 있다. 의사는 치열한 입시, 대학 교육, 그리고 졸업시험을 통과한 고학력자들이다. 또한 정해진 질서를 잘 지키는 문화가 있어 시간과 질서를 중요시한다. 책과 교수로부터 지식을 얻었기에 책과 전문적인 루트로만 진리를 찾는 경향이 있고, 자녀들에 대한 교육열 또한 높다. 시간적 제약으로 교회 생활을 할 수 없었던 점도 있지만 의학 지식을 통해서 인간의 한계를 느낄 수도 있으며, 인체의 신비를 경험하며 하나님의 존재를 인정할 수도 있다.

복음과의 접촉점

의사들은 생명을 살리는 자로서의 고귀한 삶을 살기 원하지만 귀한 사명과 고귀한 꿈 대신에 격무에 지쳐 정작 자신은 제대로 치료하지 못한 채 외롭고 비전이 상실된 삶을 살고 있는 경우가 많다. 이런 의사들이 참된 영혼의 의사이신 예수님을 만나 생명을 얻어 회복하도록 돕기 위해 '러브터치'가 마련되었다. 예수님은 영적 의사로서 오신 분으로 영원한 생명을 주신다. 의사는 늘 인간의 생명의 신비 속에서 일한다. 사람의 육체 안에 존재하는 생명의 신비를 의료 활동 가운데 적어도 한번은 깨닫게 된다. 생명의 신비에 대하여 정직하게 대면하는 의사는 생명의 창조자 되신 하나님을 바라볼 수 있다. 생명이 회복을 얻는 데는 사랑의 손길이 절대적으로 필요하다. 이는 하나님이 생명을 창조하신 이유가 사랑 때문이라는 것으로 귀결된다. 생명은 사랑받기 위해 태어났기에 사랑으로 생명을 이어가며 사랑이 생명을 다시 살릴 수 있다. 사랑이신 하나님은 사망의 그늘 아래 신음하며 고통당하는 생명들을 다시 살리시기 위해 그리스도의 십자가 사랑으로 대신 희생하셨다. 누군가의 생명의 일부로 다른 생명을 살리는 데 익숙한 의사들은 십자가의 대속의 죽음을 이해하는 데 더 빠를 수 있다. 최고의 의사 되신 예수님은 육체의 질병과 내면의 고통을 치유해 주신다. 복음은 예수님이 죄라는 병을 우리 대신 짊어지고, 죽고, 부활하심으로 우리가 살게 되었다는 것과 우리를 위로하신다는 것을 증거한다.

집회평가

의사는 많은 에너지를 다른 사람들을 위해 쏟는다. 쉬고 싶고 위로받아야 할 의사들이 때로는 가정에서 위로받지 못할 때 가정의 어려움이 있다고 이야기하였다. 이 가정의 어려움을 누구에게도 이야기하지 못하는 상황에서 교회에서 가정의 중요성과 하나님이 가정의 주인으로 있을 때 평안과 기쁨이 있다는 메시지를 가지고 의사들을 위한 집회를 진행하였다. 요청자 기도모임을 2회 진행하였으며, 그들 가정의 온전한 회복을 위해 기도하였다. 교회 내 의사 직업을 가진 약 400여 명의 성도가 별도의 준비모임을 3회 정도 진행하면서 집회에 대한 이해와 동료들의 영혼에 대한 사랑을 품고 중보와 대상자 초청으로 참여하였다. 집회 후에 의사의 소명을 회복하여 새신자이지만 단기 선교에 함께 참여하는 결실도 맺게 되었다. 이들을 함께 공동체로 초청하는 크리스천 의사 모임이 생겨 '의료선교팀'이 구성되고, 200여 명의 의료선교팀이 매년 선교 활동을 통해 역동적인 모임을 갖게 되었다.

러브터치 메시지 요약[87] : "당신은 영원을 준비하셨습니까?"

유명한 과학자 아인슈타인이 기차를 타고 여행할 때 이런 일이 있었다고 한다. 기차 안에서 직원이 티켓 검사를 하는데 아인슈타인 차례가 되었다. 그런데 아인슈타인이 아무리 찾아봐도 티켓을 어디에 두었는지 기억나지 않는 것이었다. 아인슈타인을 알아본 직원은 "아인슈타인 박사님, 제가 당신이 누구인지 잘 압니다. 저는 당신이 티켓을 분명히 사셨을 것으로 확신하니 염려하지 마세요. 괜찮습니다" 하고 지나

갔다. 그런데 그 직원이 뒤를 돌아보니 아인슈타인이 계속해서 의자 밑을 뒤지면서 표를 찾고 있는 것이었다. 직원이 다시 돌아가서 말했다. "아인슈타인 박사님, 염려하지 않으셔도 됩니다. 제가 당신이 누구인지 잘 압니다." 그때 아인슈타인은 고개를 들면서 이렇게 말했다고 한다. "저도 제가 누구인지 잘 압니다. 그런데 문제는 제가 어디로 가고 있는지를 모른다는 것입니다."

우리가 어디로 가고 있는지 알려 주는 '나침반'과 같은 역할을 하는 것이 있다. 그것은 '갈망'이다. 인간은 '갈망'하는 존재이다. 어떤 갈망이 있다는 것은 그 갈망의 대상이 실제로 존재한다는 것이다. 목마르다는 것은 목마름을 해결해 줄 물이 있다는 것이다. 배고프다는 것은 배고픔을 해결해 줄 음식이 있다는 것이다. 그런데 인간에게는 물질로는 채울 수 없는 갈망이 존재한다. 인간에게는 '의미'에 대한 갈망이 있다. 사람은 의미 없는 일을 하기 싫어한다. 반면 다른 사람이 발견하지 못하는 의미를 발견하면 어떤 위험한 일도 두려워하지 않는다. 에베레스트 산에 오르는 사람은 그 일이 매우 힘들고 위험함에도 자신만의 의미를 알기에 좋아한다. 인간이 의미를 갈망하는 것은 인간이 '의미' 있는 존재로 지음 받았기 때문이다. 인간에게는 '영광'에 대한 갈망이 있다. 아프리카 대륙에서 무리 지어 달려가는 코뿔소들이 가장 앞서 잘 뛰는 코뿔소에게 금메달을 만들어 시상하는 것을 보았는가? 동물들에게는 영광에 대한 갈망이 없다. 그러나 인간들은 다른 사람과 비교하여 더 나은 것을 영광스러워한다. 인간이 영광을 갈망하는 것은 인간이 영광스러운 존재로 지음 받았기 때문이다. 인간에게는 '영원'에 대한 갈망이 있다.

물고기가 물을 갈망하고, 식물이 태양 빛을 갈망하듯이 인간의 영혼은 영원을 갈망한다. 고대 애굽에서 피라미드를 만들어 시체를 미라로 만들어 보관한 이유는 죽음 자체를 보존하려는 것이 아니라 영원을 갈망하는 것이다. 인간이 영원을 갈망하는 것은 인간은 모두 영원한 존재로 지음 받았기 때문이다. 삶의 모든 갈증은 궁극적으로 영원에 대한 갈망이다. 영원에 대한 갈망이 존재한다는 것은 그 대상이 되는 영원이 실제로 존재한다는 것이다. 많은 종교 또한 영원에 대한 갈망의 표현이다. 문제는 어떤 종교가 영원에 대한 올바른 답을 주는가이다.

많은 사람이 영원에 대한 갈망을 감춘 채 눈에 보이는 '자연 세계'가 전부라고 믿으며 살아간다. 세상에 존재하는 모든 것은 '자연'이라는 체계 속에만 있다고 믿는다. 자연 바깥에는 아무것도 존재하지 않기에 기적도 있을 수 없고, 자연을 만든 신도 없다고 생각한다. 그런데 자연 바깥에 존재하는 것들이 있다. 인간의 '이성'은 자연 바깥에 있는 것이다. 이성은 자연의 결과물이 아니다. 인간의 이성은 자연을 변화시킬 수 있기 때문이다. 바다를 육지로 만들고, 산을 깎아 평지로 만들 수 있다. 이성이란 인간 안에 있는 초자연적 요소이다. '이성'은 자연에서 만들어진 것이 아니라 '또 다른 이성'으로부터 나온 것이다. 인간의 이성은 스스로 존재하는 것이 아니라, 영원한 초자연적 이성으로부터 만들어져 자연 속으로 들어온 것이다.

우리는 독자적으로 존재하는 절대적이며 영원한 이성의 존재를 인정할 수밖에 없다. 그분은 영원하신 하나님이시다. 인간의 '양심'도 자연 바깥에 있는 것이다. 사람의 '양심'도 자연의 결과물이 아니다. '또 다른 양심'으로부터 나온 것이다. 모든 자연은 있는 그대로의 모습일 뿐이다. 그러나 사람에게는 있는 그대로의 모습만을 말하지 않는다. 왜 마땅히 있어야 할 곳에 있지 않고, 왜 마땅히 행동해야 하는 대로 행동하지 않았는가를 따진다. 이러한 양심은 영원히 절대적으로 옳은 양심으로부터 나온 것이다. 인간의 이성과 양심은 자연을 넘어서 영원을 가리키고 있는 나침반의 바늘과 같다. 우리가 예수님을 믿는 것은 예수님이 영원에 대한 진실을 알려 주시기 때문이다. 자연이 전부인 줄 알고 살아가는 우리에게 영원한 삶이 있음을 알려 주시기 때문이다.

너희는 마음에 근심하지 말라 하나님을 믿으니 또 나를 믿으라 내 아버지 집에 거할 곳이 많도다 그렇지 않으면 너희에게 일렀으리라 내가 너희를 위하여 거처를 예비하러 가노니 가서 너희를 위하여 거처를 예비하면 내가 다시 와서 너희를 내게로 영접하여 나 있는 곳에 너희도 있게 하리라 (요 14:1-3)

예수님은 우리가 영원히 있을 곳을 준비해 줄 것이니 자신을 믿으라고 말씀하셨다. 세상의 어떤 사람이 담대하게 영원을 준비해 줄 테니 자신을 믿으라고 말하였는가? 이런 말을 하는 사람은 다음 셋 중 하나이다. 사기꾼, 아니면 정신병자, 아니면 '진짜'이다. 만일 예수님이 능력이 없으면서 그렇게 주장했다면 이는 거짓말이고 인류 최대의 사기꾼이 되는 것이다. 만일 예수님이 자신이 능력 없다는 것을 모르고 그렇게 주장했다면 그는 정신병자이다. 그러나 역사적으로 수많은 사람에게 감동을 주었던 예수님은 말과 행동이 일치하는 분이셨다. 자신에 대한 예수님의 주장을 살펴보면 예수님은 단순히 훌륭한 도덕적 스승일수 없다. 우리를 위해 영원을 준비해 주신다는 분을 단순히 위대한 성인 정도로 평가할 수는 없다. 그렇다면 우리에게는 이 예수님의 놀라운 말씀을 받아들이든지 거부하든지 둘 중 하나의 선택밖에 존재하지 않는 것이다. 예수님은 영원한 죽음 가운데 처해 있는 인간들에게 영원한 생명을 주려고 오신 하나님의 아들이시다.

농부는 열매 맺기 위해서 땅에 씨를 뿌리고 물을 준다. 물은 씨앗을 썩게 하는 것이다. 씨앗이 썩어 죽어야 거기서 새로운 생명의 싹이 나오기 때문이다. 썩어짐으로 새로운 생명의 변화가 일어나는 것은 인간에게 일어나는 부활의 변화를 미리 보여 주신 것이다. 자연법칙 중에 엔트로피(entropy) 법칙이라는 것이 있다. 모든 물질은 점점 더 무질서해지고 소멸되어 간다는 것이다. 그런데 엔트로피의 법칙은 절대적인 법칙이 아니다. 씨앗이 썩어지는 것은 엔트로피의 법칙이지만 썩어진 씨앗에서 새로운 생명이 열매를 맺는 것은 그 법칙을 거스르는 생명의 법칙이다. 이를 신트로피(syntrophy) 법칙이라고 한다. 시계의 태엽이 다 풀려간다는 것은 먼저 그 태엽이 감겼던 적이 있었기 때문에 가능한 일이다. 질서가 붕괴되고 있다면 이는 정반대 방향으로 질서가 만들어진 때가 있었다는 것도 보여 주는 것이다.

씨앗이 썩어야 열매를 맺는다. 열매는 씨앗과 전혀 다른 모습이지만 둘은 서로 이어지는 것이다. 여기에는 조건이 있다. 생명이 있어야 한다. 씨앗 속에 생명이 있다면 썩어지는 죽음을 통과하여 열매로 변화된다. 인간도 영원한 생명이 있다면 썩어지는 죽음을 통과하여 변화될수 있다. 이 생명은 믿을 때 선물로 받는 것이다. 예수님을 믿을 때 씨와 같이 썩어 죽어질 우리의 육체 안에 부활로 변화될 영원한 생명을 선물로 주신다. 예수님이 살아 계신 하나님의 아들이시며 우리를 대신하여 십자가에서 죽으심으로 우리의 죄값을 담당하셨다는 것을 믿을 때 주시는 선물이다. 예수님이 세상에 오신 것은 이 영원한 생명을 주시기 위해서이다.

하나님이 세상을 이처럼 사랑하사 독생자를 주셨으니 이는 그를 믿는 자마다 멸망하지 않고 영생을 얻게 하려 하심이라 (요 3:16)

우리는 예수님을 믿음으로 이 영원한 생명을 얻게 된다.

최근 일본에서 슈가츠가 활발해졌다는 기사를 보았다. 슈가츠는 생전에 죽음을 준비하는 활동이다. 2018년에는 일본의 유명 기업인 안자키 사토루가 아직 죽지 않았는데 장례식을 치렀다고 했다. 자신이 알고 있었던 1,000여 명의 사람들을 초청하여 생전 장례식을 치른 것이다. 지혜로운 사람이다. 그런데 더 지혜로운 선택은 슈가츠로 죽음을 준비하는 것보다 죽음 너머의 영원한 생명을 준비하는 것이다. 육체의 생명도 신비한 것처럼 영원한 생명도 신비한 것이다. 영원한 생명은 예수님의 십자가의 죽음을 바라보는 이들에게 선물로 주어진다. 예수님은 영원한 생명을 우리에게 주시는 분이다. 오늘 이 자리에 오신 분들이 예수님을 믿고 영원한 생명을 누리는 삶을 시작하시기를 간절히 바란다.

직업별 맞춤전도 Case#2 :
스포츠인 맞춤전도집회 '허그'

스포츠 선수들은 훈련과 시합에 대한 긴장감 속에서 살아간다. 선수들 중에서 경쟁으로 인한 상대적인 박탈감을 가지게 되는 이들을 주 대상으로 초청하였다. 182명의 참석자 중 69명이 결신하여, 약 38퍼센트의 결신률이 나왔다.

타이틀: 허그

모든 스포츠인은 경기를 통해서 승자와 패자를 결정하며, 승리를 목표로 경기에 임한다. 승리하거나 패배하였을 때 이들에게 가장 중요한 것은 '허그'이다. 선수들끼리의 '허그'는 승리자에게는 축하의 의미이고, 패배자에게는 위로의 의미이다.

스포츠인 맞춤전도집회 '허그'의 목표는 승리하거나 패배하거나 언제나 그들을 안아 주시는 하나님의 품을 소개하여 예수님을 만나게 하는 것이었다. 스포츠인들은 자신의 성적을 통해서 성공이라고 하는 탑을 쌓는다. 메달이나 승리를 통해서 소망과 위로를 얻으려 노력한다. 그러한 시도들의 허무함을 깨닫고 하나님의 따뜻한 위로와 격려와 축하를 경험하도록 하기 위해 행사명을 '허그'로 정하였다.

문화적 상황

스포츠는 대부분 팀이나 개인으로 출전하는 종목이지만 훈련과 조직은 항상 단체로 진행된다. 또한 스포츠 단체나 나라의 대표로 경기에 출전하기에 개인주의보다는 단체 문화이다. 특별히 단체로 경기하는 선수들은 자신뿐만 아니라 다른 이들의 컨디션도 함께 신경 써야 한다. 스포츠계는 기술 전수와 최대 효과를 얻기 위해 위계질서가 확실하고 엄격하다. 엄격한 선후배의 관계나 코치·감독 등과의 관계가 도움이 될 때도 있지만 강압으로 이어지는 경우도 있다. 연습 스케줄을 정하고 시간 단위로 쪼개어 연습한다. 또한 경기의 규칙이 엄격하고 그 규칙대로 평가하기에 스포츠인들의 문화는 매우 규칙적이며 제한적이다.

그렇지만 항상 쉬고 싶고 자유롭고 싶은 것이 스포츠인들의 특징이다. 최고의 자리에 선다면 고액의 연봉으로 경제적인 보장은 충분하지만, 대부분 스포츠인들의 경제 형편은 어려운 편이다. 다른 직장에 비하여 은퇴가 빠르며, 24세에서 26세에 거의 은퇴를 한다. 운동선수들은 은퇴 이후에 무엇을 어떻게 해야 할지 항상 고민하고 있다. 가족 중에 자녀가 스포츠인이 되었을 때 종목에 따라 차이가 있겠지만, 어렸을 때부터 부모님의 많은 지원과 관심이 필요하다. 가족의 바람은 스포츠 선수로서의 유명인이 되고 실력자가 되는 것이기 때문에, 이를 이룰 수 있도록 무한히 지원한다. 하지만 훈련 과정과 경기 일정에 따라 가족과 시간을 많이 갖지 못한 이들도 많다. 그들은 경기로 인한 심리적인 부담감과 긴장감으로 인해 신앙에 대한 필요를 많이 갖고 있다.

심리적 상황
스포츠인들의 목표는 오직 경기에서 이기는 것으로, 국제대회의 경우

국가를 대표해서 메달을 따는 것이 최종 목표이다. 때문에 어려서부터 선수단에 발탁되어 대표선수가 될 때까지 부단히 노력한다. 그러다 보니 감내해야 할 부담감과 긴장감이 상당하다. 또한 일시적이 아닌 장기적으로 식단 조절, 체중 조절, 컨디션 조절 등도 해야 한다.

한편 스포츠의 모든 경기는 혼자만의 경기가 아니라 상대방과 겨루어 경쟁해야 하는 것이기에 큰 노력에도 불구하고 실패와 실수가 따를 수 있다. 따라서 스포츠 선수들은 실패에 대한 두려움이 크다. 한계에 부딪힐 때 국민과 가족에 대한 기대감은 스트레스가 되고, 경기 결과, 진로, 조직, 속한 단체의 행정 실수, 상위 조직과의 갈등 등으로 인해 스트레스를 받는다. 그리고 이 모든 것을 대부분 혼자 감당해야 하는 외로움이 선수들에게 있다.

운동선수의 은퇴는 부상, 체력적 한계 등으로 인하여 다른 직업에 비해서 빠른 편이다. 같은 청년일 경우, 직장생활을 시작하는 친구들과 스포츠인들의 은퇴의 시점이 비슷하게 맞물리기도 한다. 그래서 스포츠인들은 그다음 무엇을 해야 할지 고민과 걱정이 많다. 국가대표일지라도 대부분이 30세 전에 국가대표 선수의 자리에서 은퇴하고 다른 직업을 찾아야만 한다. 한국의 스포츠 시스템에서 은퇴 선수에 대한 미래 보장이 약한 편이라 그들은 미래에 대한 두려움이 많다. 이때 맞춤전도집회의 장은 은퇴한 전도 요청자들과 현역 선수들이 함께 만나면서 그들에게 하나님을 믿는 믿음이 주는 안도감을 선물해 주고, 인생의 주인이신 예수님만이 진정한 평안이 된다는 것을 알려 주는 좋은 기회가 될 수 있다.

복음과의 접촉점

스포츠인들의 목표는 금메달을 따는 것이다. 그러나 이미 많은 승리를 경험하고 메달을 딴 사람들의 고백을 들어 보면 금메달을 땄을 때의 만족감이 영원하지 않고, 오히려 그 이후 허전함을 느낀다고 한다. 메달이 언제까지나 나의 정체성을 형성할 수 없기 때문이다. 몇 차례 메달을 딴 선수도 한계는 곧 찾아오기 마련이다. 계속 이어질 수 없는 성취가 자신의 정체성을 형성할 수 없다는 것을 깨닫게 하는 것이 스포츠인들에게 전해져야 할 복음과의 접촉점이다. 그들에게 메달과 어떤 성적이 나를 만드는 것이 아니라, 우리의 창조자이시며 인생의 주관자 되신 하나님이 인생의 정체성을 세워 주시며 어떠한 성적일지라도 격려하시며 승리자로 세워 주시는 분임을 경험하게 하는 것이다. 현역 선수로 경기에 참여할 수 있을 때나 은퇴하였을 때나, 사람들의 주목받는 스타일 때나 아무도 기억해 주지 않는 무명일 때나 모든 상황 속에서 하나님은 그 품으로 나를 언제나 '허그'해 주시는 분임을 체험하게 하는 것이 중요하다.

집회 평가

집회 전 교회 안의 스포츠인을 모으고 인적 정보망을 형성하기 위하여 6회 이상 리더 모임을 갖고 전도에 대한 소명과 비전을 나누며 기도회를 진행하였다. 20명으로 시작하여 횟수가 거듭할수록 60명 정도 참여하게 되었다. 그들을 중심으로 전도 대상자를 함께 선정하고 초청하도록 하였다. 그동안 만나 보고 싶었던 금메달리스트나, 선수들의 메시지를 통해 집회의 중요성을 알리는 홍보와 디너 콘서트와 같은 느낌의 초청장을 전달

했다. 교회가 아닌 호텔에서 200명 규모의 집회를 준비하였다. 약 80명의
요청자와 약 100명의 대상자가 디너쇼와 같은 콘셉트로 모였다. 스포츠
인들이 땀 흘려 훈련하는 모습들을 표현하는 공연과 영상은 위로를 주었
고, 스포츠인 중에 하나님을 귀하게 만난 선수의 간증을 통해 하나님은 우
리의 피난처와 소망이 되신다는 메시지를 전했다. 함께 운동했던 친구들
에게, 후배에게, 그리고 선배에게 요청자들의 편지를 읽어 주어 하나님의
따뜻한 품을 느끼게 하였다. 일회성 전도집회로 끝나는 것이 아니라 지속
적으로 모임이 이어질 수 있도록 하였다. 섬길 수 있는 기회도 연결해 주
었다. 외국인 노동자나 지방의 열악한 환경에서 선수 훈련 과정을 겪는 사
람들을 연결해 자신의 달란트가 다른 사람들에게 큰 도움이 될 수 있다는
보람을 느끼게 하였다. 이후 구도자 예배에 초청하며 스포츠인들끼리 자
주 모일 수 있는 공동체를 만들게 하였다.

허그 메시지 요약[88] :
"영광은 금메달에 있는 것이 아닙니다"

인간은 스포츠를 즐깁니다. 동물들의 세계에는 스포츠가 존재하지
않습니다. 동물들은 본능적으로 뛰고 행동할 뿐입니다. 왜 사람들에게
만 스포츠라는 것이 존재할까요? 사람들의 마음속에 어떤 갈망이 있기
때문이 아닐까 생각해 봅니다. 그 갈망은 무엇입니까? 바로 영광에 대
한 갈망입니다. 우리는 그 갈망을 채우기 위해서 승리를 얻고자 하며,
승리를 통해 영광스럽게 되고자 합니다. 승리를 위해 열심히 달려갑니

다. 인간의 마음속에 있는 영광스러운 것에 대한 갈망을 충족시키기 위해 스포츠라는 영역이 생겨났습니다.

　스포츠의 뒷면에는 수많은 좌절과 고통이 있습니다. 어떤 이들은 영광을 누리지만 어떤 이들은 패배감과 상처, 안타까움, 때로는 비참함에 빠지기도 합니다. 파스칼의 《팡세》에 보면 이런 내용이 나옵니다. "오직 인간만이 비참함을 느낀다. 인간이 비참함을 느낀다는 것은 인간이 위대하고 영광스러운 존재이기 때문이다." 높은 곳에 있는 존재만이 떨어져서 추락할 수 있습니다. 원래부터 바닥에 있는 존재는 떨어지려고 해도 떨어질 곳이 없습니다. 비참함이란 원래 내가 있어야 할 위치에 있지 않을 때, 본래 높은 곳에 있었던 존재가 그 자리에 있지 않게 될 때 느끼는 것입니다. 우리는 승리하면 영광을 얻을 것이라 생각하고, 패배하면 비참해질 것이라 생각하기 쉽습니다. 그러나 모든 승리가 영광스럽지는 않습니다. 비참한 승리, 수치스러운 승리도 있습니다. 모든 패배가 비참하지도 않습니다. 패배했지만 오히려 영광스러울 수도 있습니다.

　어떤 선수가 금메달을 땄는데 인터뷰에서 "이 승리는 나의 승리입니다. 나의 성공입니다. 나는 위대합니다." 이렇게 인터뷰했다면, 사람들은 그 선수를 영광스럽다 여기지 않을 것입니다. 어느 경기에서 어느 선수가 0.001초 차이로 탈락하고, 0.1점 차이로 메달을 얻지 못하게 되었을 때, 모든 사람이 안타까워하는 그 순간, 경기에서 진 사람이 승리자를 향해 걸어갑니다. 그리고 환한 미소로 승리자를 축하해 주며 최선을 다한 경기의 기쁨을 함께 나눈다면 정말 영광스러운 패배라 말할 수 있을 것입니다.

우리는 사실 승리와 패배, 성공과 실패에 속고 살았는지 모릅니다. 사실 승리와 성공이 나에게 영광을 가져다주는 것이 아니라, 경기의 결과가 어떠하든지 나는 본래 영광스러운 존재라는 걸 모르고 살았던 것입니다. 모든 사람은 한 사람도 예외 없이 소중하고 가치 있는 존재입니다. 우리는 그렇게 창조되었습니다. 우리가 영광에 대한 갈망을 가지고 있는 것은 누군가에게 배워서가 아니라 인간의 본능 속에 있기 때문입니다. 그것은 모든 인간이 영광스러운 분에 의해 창조되었기 때문이며, 우리가 본래 영광스럽게 창조되었기 때문입니다. 그럼에도 우리가 때때로 비참함을 느끼는 것은 우리가 그 영광스러운 자리에서 떨어져 버렸기 때문입니다. 경기의 실패, 성공의 실패 때문이 아닙니다. 우리 안에 있는 죄로 인해 비참함을 느끼게 되는 것입니다.

여러분을 생각하면서 많은 경기의 마지막 장면들을 보았습니다. 승리하는 장면들, 경기에 져서 실망하는 장면들. 여러 장면을 파노라마처럼 보니까 어떤 공통점이 보였습니다. 승리한 팀은 기뻐서 서로 허그합니다. 패배한 팀은 어떻습니까? 패배한 팀도 서로 허그합니다. 승리한 팀이나 패배한 팀이나 서로를 안아 줍니다. 우리 인간은 허그가 필요합니다. 서로를 안으면서 기쁨의 순간을 함께하기도 하고, 위로가 필요한 순간도 함께합니다. 우리는 서로가 서로를 허그해 줄 수 있는 존재입니다. 그리고 이 모습은 바로 하나님의 모습입니다.

하나님은 저 멀리 인간 위에 군림하시는 분이 아니라 우리 삶 가장 가까이에서 우리와 함께하시기 위해 세상에 오셨습니다. 그분이 바로 예수님이십니다. 그리고 그 예수님이 바로 여러분을 위해 십자가에서 죽으셨습니다. 우리 안에 있는 죄의 문제를 해결하기 위해서 십자가에서 죽으셨습니다. 우리가 느끼는 비참함, 절망, 고통, 스트레스, 모든 짐을 지고 죽으셨습니다. 예수님을 믿는 이들에게 생겨나는 담대함은 어디에서 오는 것일까요? 그것은 예수님이 바로 그 사람 안에 계시기 때문입니다.

이 자리를 마련한 것은 연말에 그저 즐겁고 좋은 시간을 보내자고 만든 것이 아닙니다. 여러분 한 사람 한 사람이 영광스러운 존재라는 것을 느낄 수 있게 해주고 싶었기 때문입니다. 때로 우리에게 비참함이 느껴진다면 그것은 경기의 성공이나 실패, 승리나 패배 때문이 아닙니다. 그것은 우리 안에 있는 죄 때문입니다. 하나님은 그 죄를 해결하시기 위해 세상에 독생자 예수 그리스도를 보내셨습니다. 하나님은 그분의 죽음을 바라보고 그분께 삶을 의지하는 모든 사람을 영광스럽게 만들어 주십니다. 그것을 여러분이 체험할 수 있게 되기를 바랍니다. 여러분을 초대한 분과 함께 교회에 정기적으로 출석하게 된다면, 예수님이 여러분의 삶에 함께하심을 믿게 되고 체험하게 될 줄 믿습니다. 제가 앞서 말한 것들이 이해되지 않을 수도 있습니다. 그렇지만 여러분을 초청하신 분을 신뢰하신다면, 그분이 믿는 하나님, 그분이 구세주로 고백하는 예수님을 기대해 보시면 좋겠습니다. 결코 후회하지 않으실 것입니다.

맞춤 전도집회의 미래 비전

온누리교회의 맞춤전도 사례들은 성육신적 선교 이론에 기초한 대상자 중심의 맞춤전도가 가능하다는 것을 보여 주었으며, 전도학 분야에서 더욱 연구하며 발전시켜 나갈 수 있는 영역이라는 것을 보여 주었다. 기존 전도집회는 불특정 다수의 불신자들을 초청하여 전도하려는 시도가 대부분이었기에 어떤 대상이 참석할지 알지 못하는 상황에서 메시지와 프로그램을 준비하는 막연함으로 비효과적인 전도 활동이 되기도 하였다. 온누리교회 맞춤전도집회는 이미 선정된 대상자를 놓고 요청자와 함께 기도하며 초청된 대상자들을 향해 맞춤으로 준비된 전도 활동을 통해 효과를 극대화하고자 하였다. 맞춤전도집회가 앞으로 더 발전하기 위해서는 세 가지 방향에서 노력이 필요하다.

첫째, 공동체와 관계 형성에 익숙하지 않으며 메타 네러티브(Meta-Narrative)에 대하여 거부감이 있는 디지털 네이티브(Digital Native) 세대를 전도하는 전략을 개발하는 일이다. SNS나 온라인을 이용한 전도 방법이 있지만 결국 인격적 대면이 이루어져야 하는 전도의 성격상 그들과 어떻게 관계 형성을 하고 복음을 전할 것인가에 대한 숙제가 남아 있다. 디지털 네이티브 세대는 초개인화된 문화에 익숙해져 있다. 따라서 이들을 전도하기 위해서는 초개인화 문화에 맞춤화된 전도 전략이 필요하다. 온-오프라인을 병행하는 방법에서부터 일대일 전도에 이르기까지 다양한 형태의 전도 실행이 요구된다.

둘째, 타 종교와 세계관별 맞춤화된 메시지와 전도 전략들이 계발되어야 한다. 한국 사회는 오랫동안 유교와 불교의 영향력 아래 있었다. 한국 교회가 복음 전도에 더욱 집중하려고 한다면 타 종교의 영향력 아래 있는 이들에 대한 연구가 선행되어야 한다. 타 종교의 세계관 속에 살아가고 있는 분들을 어떻게 전도할 것인가에 대한 비교종교학적 연구가 이루어져야 한다. 많은 사람의 문제는 그 시대의 세계관과 종교철학에 갇혀 있는 것이기에 세계관과 타 종교별로 맞춤화된 메시지와 전도철학을 계발할 수 있다면 더욱 많은 영혼을 그리스도께로 인도할 수 있을 것이다. 타 종교인에 대한 전도 실행은 매우 겸손하고 공손한 자세로 진행되어야 하기에 문화인류학적인 선행 연구가 많이 필요할 것이다.

셋째, 한국의 작은 교회들이 적용하고 실행할 수 있는 모델을 만드는 것이다. 맞춤전도는 많은 인원을 초청할 때보다 적은 인원일 때 더 효과적인 모델이다. 따라서 온누리교회에서의 실행 사례만이 아니라 여러 작은 규모의 교회들이 실행하면서 적합한 모델들이 더 많이 만들어진다면 한국 교회 전체가 함께 적용할 수 있는 전도 패러다임으로 정착할 수 있을 것이다.

chapter 8.
맞춤전도집회의 현황

실행 현황 및 개요

지금까지 온누리교회에서는 다양한 대상을 위한 다양한 형태의 맞춤
전도집회를 진행해 오고 있다. 그동안 진행된 맞춤전도집회의 현황 및 집
회에서 진행되었던 주요 내용을 소개하고자 한다.

맞춤전도집회 현황						
연도	일자	명칭	대상	참석 인원	결신 인원	결신률
2001	12/17-19	비상구	40대 남성	750	530	71%
2002	4/15-17	앙코르	60대 남성	600	391	65%
	7/8-10	브라보	50대 남성	500	358	72%
	12/9-11	챔피언	30대 남성	900	710	79%
2003	3/17-19	클라이맥스	44-55세 여성	900	719	80%
	6/16-18	해바라기	55-66세 여성	900	548	61%
	9/29-10/1	프러포즈	33-44세 여성	1,100	710	65%

2004	3/1-4	Just 4 U	20-30대 청년	2,600	1,800	69%
2004	7/5-7	러브터치 (Love Touch)	의사	750	623	83%
	12/13-15	드림터치 (Dream Touch)	교사	1,250	786	63%
2005	4/25-27	하이터치 (High Touch)	IT업계 종사자	1,500	1,010	67%
	12/5-7	A+	금융업계 종사자	1,611	1,215	75%
2006	3/27-29	스마일 어게인 (Smile Again)	대학 청년	1,848	1,134	61%
	9/4-6	러브 O2 (Love O2)	간호사	2,000	1,430	72%
2007	5/8-9	내 생애 가장 귀한 선물	60세 이상 부모님	700	462	66%
2008	12/13	슈퍼맨이 된 아빠	기러기아빠	48	44	92%
2009	9/21	더클래식 (The Classic)	클래식 음악인	160	149	93%
	12/5	슈퍼맨이 된 아빠 II	기러기아빠	37	23	62%
2010	12/6	With Him - 가수 션	션의 트위터 팔로워	1,050	519	49%
2011	6/13	열 달의 기다림	예비 엄마	235	49	21%
	10/24	3시의 만찬	외식산업 종사자	365	97	27%
2012	12/21	옐로우리본 (Yellow Ribbon)	외국 생활 후 한국으로 온 사람	370	92	25%
2013	6/3	행복드림(Dream)콘서트	65세 이상 부모	425	318	75%
	11/25	커플LOOK	결혼 1년차 신혼부부	432	355	82%
2014	5/19	행복드림(Dream)콘서트	65세 이상 부모	426	344	81%
2015	5/18	행복드림(Dream)콘서트	65세 이상 부모	356	320	90%
	12/21	비긴어게인 (Begin Again)	40-50대 남편	231	196	85%
2016	5/23	행복드림(Dream)콘서트	65세 이상 부모	282	196	70%
	11/28	버킷리스트	50대 동기동창	231	196	85%

연도	날짜	콘서트명	대상			
2017	5/22	행복드림(Dream)콘서트	65세 이상 부모	180	143	79%
	11/20	두 번째 스무 살	40대 남성 여성	204	152	75%
2018	5/14	행복드림(Dream)콘서트	60세 이상 부모	242	152	63%
	10/9	드림어게인	하나원 여성 동창생	70	0	0%
2019	4/9	러브터치콘서트	의사	130	28	22%
2019	5/20	행복드림(Dream)콘서트	60세 이상 부모	238	160	67%
	11/26	허그(HUG)콘서트	스포츠인	182	69	38%
2020	8월	온라인 행복드림콘서트	60대 이상 부모	292	20(세례)	7%
2021	5월	온라인 행복드림콘서트	60대 이상 부모	339	25(세례)	7%
	6월	온라인 '그대 있음에'	군인아내			
	10월	온라인 '허그콘서트'	스포츠인			
2022	5월	온라인 행복드림콘서트	60이상 부모	223	41(세례)	18%
	10월	아빠 캠핑 가자	초등 4-6학년 자녀의 불신 아빠	92 (23가정)		
	11월	전지적작가시점 'The story'	방송작가	60	49(세례)	82%
2023	5월	행복드림(Dream)콘서트	60이상 부모	227	51(세례)	22%
	7월	비긴어게인 (Begin Again)	튀르키예 지진 피해 난민	성인 55 자녀 40		
	10월	라비 (LaVie, 인생)	예술을 좋아하는 사람	149		
2024	5월	인생네컷	교회를 떠난 20-30대 자녀	320	204	64%
합계				25,600	16,418	64%

맞춤전도집회 개요

1. 비상구

일시 | 2001년 12월 17-19일 오후 7시
장소 | 온누리교회 서빙고 본당
대상 | 40대 남성

1997년 말부터 2001년 8월까지 약 4년간 한국은 IMF 경제 위기를 겪으며 힘든 시간을 보냈다. 한 설문조사에 따르면 '자신의 삶에 대한 전체적인 만족도'를 조사한 결과 40대 남성 54퍼센트만이 만족한다고 답해 가장 낮은 수치를 기록했다. 가정과 기업의 책임자로서의 역할을 하고 있는 40대 남성들에게 경제적 위기는 큰 좌절과 낙심을 안겨 주었다. 미래에 대한 불안, 디지털 문화에 대한 부적응, 급속히 확산되는 연봉제, 강박 관념화된 책임감 등이 40대 남성들에게서 삶의 행복을 빼앗아 가는 듯했다. 이러한 이들에게 하용조 목사님은 3일간 '비상구'라는 이름의 전도집회를 열어 40대 남성을 초대해 '쉼', '비전', '친구'를 주제로 복음을 전했다. 집회 이름에는 삶의 탈출구가 있으며, 이는 곧 예수 그리스도이심을 전하고자 하는 소망을 담았다. 3일간의 집회에는 총 750명이 참석했으며, 이중 530명이 결신하여 결신률이 71퍼센트에 달했다. 이들을 전도한 집회 신청자는 가족, 친구, 직장 동료 순이었으며, 특히 아내의 신청자 수가 가장 많았다. 이는 남편의 구원을 위해 기도하는 나홀로 신앙인이 많다는 것을 보여주었다. 후속 프로그램으로 'Good News School'이 5주간 진행되었다.

2. 앙코르

일시 | 2002년 4월 15-17일 오후 7시
장소 | 온누리교회 서빙고 본당
대상 | 60대 남성

60대 남성들의 문제는 은퇴 이후의 삶에 대한 두려움이 컸으며, 건강 문제, 가족 갈등, 외로움으로 고통받고 있었다. 이들에게는 '다시 한번 젊음의 전성기를 누리고 싶다'는 욕구가 있었다. 세상에서는 그들에게 다시 기회를 주지 않을 것 같지만 하나님은 그들에게 예수 그리스도 안에서 늘 새로운 인생의 기회를 주신다. 그들을 앙코르 무대로 초청하시는 분이 하나님이시라는 메시지를 담아 집회의 이름을 '앙코르'로 정했다. 세상 사람들은 잘했을 때만 앙코르를 외치지만, 하나님은 우리가 살아온 삶의 내용에 상관없이 앙코르를 외치시며 제2의 인생을 시작하게 하신다. 3일간 '아버지의 얼굴', '아버지의 사랑', '아버지의 집'이라는 주제로 진행했다. 후속 프로그램으로 'Good News School'이 2주간 진행되었다.

3일간의 전도 대상자 총 참석 인원은 600명이었으며, 이중 결신 인원은 391명으로 결신률은 65퍼센트였다. 앙코르 집회에 60대 남성을 전도해 온 신청자의 67퍼센트는 대상자의 자녀들이었다.

3. 브라보

일시 | 2002년 7월 8-10일 오후 7시
장소 | 온누리교회 서빙고 본당
대상 | 50대 남성

50대는 삶의 질을 결정하는 가장 중요한 시기이다. 신체 기능의 저하, 자신감 상실, 부모와 자녀를 동시에 돌봐야 하는 이중 부담, 경제적 스트레스가 그 어느 때보다 큰 시기이다. 50대에게 다시 일어설 전환점을 만들어 주기 위해 집회 이름을 '브라보'로 정했다. 50대 남성들이 잃어버린 용기를 회복하라는 의미였다. 50대 남성들에게 가장 필요한 것은 잃어버린 자신을 찾는 것이었다. 아버지와 남편, 자식으로서의 자기가 아니라 한 남성으로서의 자기 정체성을 회복하는 것이었다. 브라보 집회를 통해 50대 남성에게 세상 그 누구보다 든든한 동행이 되어 주고, 브라보를 외쳐줄 하나님을 소개했다. 3일간 '남자의 용기', '남자의 성공', '남자의 사랑'을 주제로 진행했다. 3일간 전도 대상자 총 참석 인원은 500명, 이 중 결신 인원은 358명으로 결신률은 72퍼센트였다. 브라보 집회에 50대를 전도해 온 신청자는 자녀, 친구, 아내, 친척 순이었다. 후속 프로그램으로 'Good News School'이 3주간 진행되었다.

4. 챔피언

일시 | 2002년 12월 9-11일 오후 7시
장소 | 온누리교회 서빙고 본당
대상 | 30대 남성

30대 남성들은 부, 명예, 권력을 얻기를 갈망하며 최고의 전문가가 되어 성공하고자 하는 욕구가 강했다. 이들은 때로 가정보다도 일과 부를 더 중요하게 생각하며, 자신이 일을 통해 성공하는 것이 곧 가족을 위한 것이라고 여겼다. 친구보다는 라이벌이 많아 치열한 경쟁 속에서 살아가는 이들을 위해, 집회 이름을 '챔피언'으로 정했다. 이 집회는 30대 남성들의 고민과 성공관을 존중하고, 성공 앞에 '진정한'이라는 단어를 붙여 하나님이 우리 모두를 승리자로 부르신다는 메시지를 담았다. 3일간 전도 대상자 총 참석 인원은 900명이었으며, 이중 결신 인원은 710명으로 결신률은 79퍼센트였다. 챔피언 집회에 30대 남성을 전도해 온 신청자의 46퍼센트가 가족이었으며, 친척, 형제, 아내 순이었다. 후속 프로그램으로 'Good News School'이 3주간 진행되었다.

5. 클라이맥스

일시 | 2003년 3월 17-19일 오후 5시 44분 55초
장소 | 온누리교회 서빙고 본당
대상 | 44세부터 55세 여성

당시에 44세부터 55세 여성들은 남편과 자녀에게 헌신한 세대였다. 내 인생의 주인공이 바로 나 자신인 것조차 잊어버리고 남편과 자식을 위해 살아온 그녀들에게 남겨진 것은 혼자라는 허탈감, 공허함, 절망이었다. 건강에 이상 신호가 많이 오기 시작했다. 또래 학부모나 이웃들과 수다로 시간을 보내거나 드라마를 즐겨보았다. 사랑에 목마르고 드라마를 즐겨보는 세대의 특성을 고려해 집회 이름은 '클라이맥스'로 정했다. 드라마의 주인공은 갖은 우여곡절을 겪지만 클라이맥스를 맞이하게 되고 진정한 사랑을 얻게 된다. 존재에 대한 희망을 잃고 사는 44세부터 55세 여성들을 하나님과 사랑에 빠지는 드라마의 여주인공으로 초대했다. 3일간 '여자의 거울', '여자의 향수', '여자의 보석'을 주제로 진행했다. 전도 대상자 총 참석 인원은 900명, 이 중 결신 인원은 719명, 결신률은 80퍼센트였다. 후속 프로그램으로 'Good News School'이 5주간 진행되었다.

6. 해바라기

일시 | 2003년 6월 16-18일 오후 5시 55분 66초
장소 | 온누리교회 서빙고 본당
대상 | 55세부터 66세 여성

55세부터 66세 여성들은 남편은 일에 빼앗기고 자녀들은 결혼하여 품을 떠나기 시작하면서 빈 둥지에 홀로 남은 외로움과 공허함으로 가득하다. 해를 사랑해서 온종일 바라보며 하루가 가는 줄 모르고 살아온 해바라기처럼, 자식과 남편을 위해 평생을 바쳐 살아온 55-66세 여성들이 이제 하나님을 바라보는 '주바라기'가 되기를 바라는 소망을 담아 집회 이름을 '해바라기'로 정했다. 집회 날 교회 입구 벽면은 아들, 딸, 며느리의 간절한 기도와 초대의 편지로 장식했다. 꿈과 소망의 자리까지도 가족에게 내어준 어머니가 하나님 안에서 늘 기쁨으로 사는 주바라기가 되길 바라는 자녀들의 간절한 마음을 담았다. 3일간 전도 대상자 총 참석 인원은 900명, 이 중 결신 인원은 548명, 결신률은 61퍼센트였다. 후속 프로그램으로 'Good News School'이 3주간 진행되었다.

7. 프러포즈

일시 | 2003년 9월 29일-10월 1일 오후 6시
장소 | 온누리교회 서빙고 본당
대상 | 33세부터 44세 여성

33세부터 44세 여성들은 신혼의 시기를 넘기며 육아, 자녀 교육에 부담이 가중되어 스트레스가 커진다. 거기다 남편과는 여러 현실적인 문제로 의견이 충돌하면서 외로움을 느끼기도 한다. 남편의 프러포즈에 회의를 느끼고 실망한 여성들에게 진정한 주님 안에서의 사랑, 결혼, 행복을 소개하고자 집회의 이름을 '프러포즈'로 정했다. 주님의 프러포즈는 영원하고 불변하는 약속이며 행복임을 암시하는 이름이었다. 슬플 때 우울할 때 기대고 싶은 존재, 속상할 때 화풀이를 들어줄 수 있는 존재, 비밀 이야기를 나눌 수 있는 존재, 언제나 두근거림으로 떠올릴 수 있는 존재는 이 땅에 하나님뿐이다. 그런 하나님이 우리에게 프러포즈하고 계심을 기억하길 바란다는 소망을 담았다. 3일간 전도 대상자 총 참석 인원은 1,100명, 이 중 결신 인원은 710명, 결신률은 65퍼센트였다. 후속 프로그램으로 'Good News School'이 3주간 진행되었다.

8. Just 4 U

일시 | 2004년 3월 1-4일 오후 6시 30분
장소 | 온누리교회 서빙고 본당
대상 | 20-30대 청년

IMF 사태 이후 한국에서는 기업들이 노동유연화를 받아들여 비정규직 수가 급격히 늘어났다. 그 결과 20-30대 청년들 사이에 비정규직과 정규직의 임금과 복지에 대한 갈등이 깊어졌다. 정년과 노후가 보장되는 성공을 갈망하는 젊은이들이 늘어났다. 그들은 꿈과 안정적이고 현실적인 직업 사이에서 고민하게 되었다. 결혼 연령도 조금씩 늦어지기 시작했고, 성공에만 집착하는 성향이 두드러지게 되었다. 비교의식 속에서 소외감을 느끼는 젊은이들에게 당신이 주인공이 되는 길을 제시한다는 의미를 담아 당신만을 위한 'Just 4 U'라고 집회 이름을 정했다. 4일간 전도 대상자 총 참석 인원은 2,600명, 이중 결신 인원은 1,800명, 결신률은 69퍼센트였다. 이 집회 참석자들을 대상으로 'Just 4 U' 대학 청년부 공동체가 탄생했다. 이후 'Just 4 U' 공동체는 전도 공동체로 급격히 성장하였고, 대청 연합의 새신자들을 맡아 양육하는 새신자 양육 공동체로 세워졌다.

9. 러브터치 (Love Touch)

일시 | 2004년 7월 5-7일 오후 7시 30분
장소 | 온누리교회 서빙고 본당
대상 | 의사

2001년부터 진행된 연령별 맞춤전도집회는 의사 전도집회를 시작으로 직업별 맞춤전도집회의 장을 열었다. 집회 이름은 '러브터치'로 정하고 3일 동안의 주제를 '쉼', '가정', '소명'으로 정했다. 격무에 지친 의사들이 영혼의 위로를 받고, 인간의 한계 앞에서 하나님의 능력을 깨닫기를, 그리고 참된 생명을 얻은 의사로서의 소명의식을 새롭게 하기를 바라는 마음을 담았다. 3일간 전도 대상자 총 참석 인원은 750명, 이 중 결신 인원은 623명, 결신률은 83퍼센트였다. 집회 후에 의사의 소명을 찾아 단기 선교에 함께 참여하는 이들도 생기는 결실도 맺었다. 크리스천 의사 모임이 생겨 20년이 넘도록 200여 명의 의료선교팀이 매년 선교 활동을 통해 역동적인 모임을 갖게 되었다. 후속 프로그램으로 'Love Touch School'이 3주간 진행되었다.

10. 드림터치 (Dream Touch)

일시 | 2004년 12월 13-15일 오후 6시
장소 | 온누리교회 서빙고 본당
대상 | 교사

학교는 학생들에게 하루 대부분의 시간을 보내는 아주 중요한 곳이며, 학교에서 만나는 교사는 그만큼 소중한 존재이다. 교사는 학생들에게 꿈을 주는 존재이다. 교사들이 자신의 참 가치를 하나님 안에서 찾아 꿈나무인 학생들을 키우는 소명을 가져야 한다는 뜻으로 집회 이름을 '드림터치'로 정하였다. 교사라는 직업 특성상 내면의 상처를 드러내기가 힘들고, 도덕적으로 완벽함을 요구받는 교사들에게 치유자, 구원자이신 예수님의 복음을 전했다. 또한 급변하는 교육 환경의 영향으로 교실이 붕괴되기 시작했지만, 교사직이 돈과 환경에 좌우되는 지식 노동자의 삶이 아니라 하나님의 은혜에 반응하는 성직의 자리라는 것을 그들에게 메시지를 통해 깨우쳐 주었다. 3일간 전도 대상자 총 참석 인원은 1,250명, 이 중 결신 인원은 786명, 결신률은 63퍼센트였다. 후속 프로그램으로 'Dream Touch School'이 5주간 진행되었다.

11. 하이터치 (High Touch)

일시 | 2005년 4월 25-27일 오후 7시 30분
장소 | 온누리교회 서빙고 본당
대상 | IT 업계 종사자

디지털 시대에 부응하여 IT 업계에 종사하는 IT인들을 대상으로 전도 집회를 마련하고, 하이테크 시대에 더욱 필요한 '하이터치'로 이름을 정했다. IT인들에게 가장 중요한 세 가지 단어가 있다면 프런티어(개척자), 메신저(전달자), 유비쿼터스(기술 혁신자)였다. 3일간의 주제는 '진정한 프런티어 예수', '생명을 전하는 메신저 예수', '언제나 접속할 수 있는 유비쿼터스 예수'였다. IT업계는 변화의 속도가 너무 빨라 직업 자체가 불안감과 압박감을 내포하고 있다. 성공에 대한 환상과 대박의 꿈을 좇는 IT인들에게 인생에서는 속도보다 방향, 결과보다 의미, 쾌락보다 감동이, 소유보다 나눔이 중요하다. 행복의 비타민에는 믿음, 소망, 사랑이 있고 유비쿼터스인 예수님은 행복의 종합 비타민이라 할 수 있다는 내용의 메시지가 전해졌다. 3일간 전도 대상자 총 참석 인원은 1,500명, 이 중 결신 인원은 1,010명, 결신률은 67퍼센트였다.

12. A+

일시 | 2005년 12월 5-7일 오후 7시
장소 | 온누리교회 서빙고 본당
대상 | 금융업계 종사자

3일 간 집회를 계획하고, 첫째 날은 증권인들을, 둘째 날은 보험인들을, 셋째 날은 은행인들을 대상으로 진행했다. 늘 실적 성적표를 받는 금융인들이 가장 소망하는 것은 A+ 성적표였기에 집회 이름을 'A+'로 정했다. 첫째 날 증권인들을 위해 '영원한 삶을 위한 최적의 투자 타이밍이 바로 지금이다', 둘째 날 보험인들을 위해 '예수님을 당신의 꿈을 위한 드림 플래너로 삼으라', 마지막 날 은행인들을 위해 '행복과 생명의 유통업자가 되라'는 주제로 프로그램을 기획하였다. 금융인 1,611명이 초대되었고 증권, 보험, 은행 순으로 각각 하루씩 열린 집회의 전체 결신률은 75퍼센트였다. 첫째 날 총 421명의 대상자 중 297명이 결신했고, 둘째 날은 528명 대상자 중 424명, 마지막 날은 대상자 662명 중 494명이 결신해 총 1,215명이 결신했다.

13. 스마일어게인 (Smile Again)

일시 | 2006년 3월 27-29일 오후 7시
장소 | 온누리교회 서빙고 본당
대상 | 대학 청년

청년 실업, 결혼의 고민 등으로 웃음이 사라져 가는 청년들에게 복음으로 다시 웃음을 되찾아 주자는 의미로 집회 이름을 '스마일어게인'으로 정했다. 2000년대 중후반에 '싸이월드' 열풍이 불었다. 젊은이들에게 익숙한 '싸이월드'의 내용과 구성을 도입해, 집회 3일간 주제를 'Smile 소망상자·꿈_비전과 취업', 'Smile 일촌맺기·사랑_결혼&연애', 'Smile 어깨동무·우정_관계'로 선정했다. 싸이월드 일촌 전도, 도토리, 파도타기 등의 온라인 전도 방법도 사용되었다. 집회 이후 대상자들은 대학부는 각 공동체로, 청년부는 J4U 공동체로 편입되었다. 집회를 섬긴 청년 테이블 리더들은 대상자들이 공동체에 잘 정착할 수 있도록 지속적으로 돕는 역할을 했다. 3일간 전도 대상자 총 참석 인원은 1,848명, 이중 결신 인원은 1,134명, 결신률은 61퍼센트였다. 후속 프로그램으로 새가족 교육과 양육 프로그램이 4주간 진행되었다.

14. 러브 O2 (Love O2)

일시 | 2006년 9월 4-6일 오후 6시
장소 | 온누리교회 서빙고 본당
대상 | 간호사

'당신의 사랑이 산소를 만들어 냅니다'라는 주제로 간호사를 위한 집회를 마련했다. 첫 날에는 '드림 차트(Dream Chart)', 둘째 날은 '러브 차트(Love Chart)', 셋째 날은 '해피 차트(Happy Chart)'라는 제목으로 진행했다. 평소 간호사들은 때로는 죽음과 대면하는 환자들의 고통과 함께하는 수고에 비해 인정받지 못하는 경우가 많았다. 이러한 간호사들이 하나님을 만나면 산소처럼 더욱 필요한 존재임을 깨달을 수 있음에 초점을 맞춰 집회 이름을 '러브 O2'로 정했다. 또 간호사들이 늘 쓰고 있는 차트를 콘셉트에 포함시켰다. 매일 그 차트가 환자들에게 꿈과 사랑과 행복을 찾아주는 통로가 될 수 있을 것이라는 뜻에서다. 첫째 날은 온누리교회 남자 집사님들이, 둘째 날은 온누리교회 교역자들이, 셋째 날은 의사들이 앞치마를 두르고 간호사들을 섬겼다. 3일간 전도 대상자 총 참석 인원은 2,000명, 이 중 결신 인원은 1,430명, 결신률은 72퍼센트였다. 후속 프로그램으로 5주간의 애프터 스쿨과 일대일 애프터 스쿨이 진행되었다.

15. 내 생애 가장 귀한 선물

일시 | 2007년 5월 8-9일 오후 6시
장소 | 쉐라톤 워커힐호텔
대상 | 60세 이상 부모님

60세 이상 부모님들은 준비되지 못한 퇴직과 함께 일자리 부족으로 경제적 어려움을 겪는 분들이 늘어나고 핵가족화와 급격한 사회 변화로 사회와 가족으로부터 소외감을 느끼고 있었다. 우리는 어버이날을 맞아 60세 이상 부모님을 초대했다. 집회 이름은 어버이날을 맞아 부모님들에게 최고의 선물인 예수 그리스도를 선물하는 소망을 담아 '내 생애 가장 귀한 선물'이라고 정했다. 어르신들이 좋아하는 가수 현미 씨와 윤복희 씨가 멋진 무대를 선사하면서 어르신들의 마음 문을 열었다. 2일간 전도 대상자 총 참석 인원은 700명, 이 중 결신 인원은 462명, 결신률은 66퍼센트였다. 후속 프로그램으로 3주간의 애프터 스쿨이 진행되었다.

16. 슈퍼맨이 된 아빠

일시 | 2008년 12월 13일 오후 5시
장소 | 온누리교회 양재 화평홀
대상 | 기러기 아빠

한국 경제가 발전하면서 자녀를 조기 유학시키는 열풍이 불었다. 기러기 아빠란 자녀의 교육을 위해 자녀와 아내를 해외로 보내고 국내에 혼자 남아 있는 아버지를 가리키는 말이다. 고독한 영웅 슈퍼맨처럼 가족의 행복과 미래를 위해 희생하는 아버지들을 위로하고 기러기 아빠들의 무거운 망토를 복음으로 벗겨 주고 기독 친구 그룹을 형성해 주기 위해 집회를 기획했다. 이들을 격려하기 위해 화려한 무대보다는 공감대를 이끌어 내는 잔잔한 대화가 이어지도록 프로그램을 구성했다. 48명이 참석해 44명이 차후 공동체 참여에 긍정적인 뜻을 나타냈다. 후속 프로그램으로 크리스마스, 12월 25일 오후 6시 대학로에서 공연을 관람하고 식사하면서 공동체가 형성되었다.

17. 더클래식 (The Classic)

일시 | 2009년 9월 21일 오후 6시
장소 | 온누리교회 서빙고 본당
대상 | 클래식 음악인

클래식 음악인들은 늘 무대에 서기 때문에 교만해질 수도 있고, 우울 감과 허탈감에 빠지기도 쉽다. 그들에게 변함없는 가치, 인생의 참 지휘자 되신 하나님을 소개하기 위해 '더클래식'으로 집회 이름을 정했다. 교회를 처음 찾는 음악인들이 쉽게 공감할 수 있는 주제로 전문 클래식 음악인의 진솔한 대화를 들어 보는 토크쇼가 주목을 끌었다. 참석한 160여 명의 음악인 가운데 93퍼센트에 달하는 149명이 결신했다. 후속 프로그램은 온누리교회 7주 새가족 과정을 4주 과정으로 압축하여 진행했다.

18. With Him — 션

일시 | 2010년 12월 6일 오후 7시 30분
장소 | 온누리교회 서빙고 본당
대상 | 가수 션의 트위터 팔로워

2010년 당시 SNS가 활발하게 일어나 유명인을 팔로우하는 열풍이 일어났다. 그중 트위터는 빠른 전파력을 이용해 다양한 정보나 본인의 이야기를 전달하는 방식으로 가입한 사용자들에게 가장 간단하고 편리하게 정보를 제공하는 소셜 네트워킹 프로그램이었다. 가수 션의 트위터를 팔로우하는 친구를 초청하는 방식으로 집회를 기획했다. 집회에는 주변의 하나님을 믿지 않는 사람들, 그리고 가수 션의 이야기가 듣고 싶은 모든 이를 초청했다. 우리가 팔로우해야 하는 진정한 리더십 예수님을 소개하고자 했다. 이 집회는 트위터 맞춤전도집회인 만큼 결신도 트위터를 통해 진행되었다. 트위터가 복음을 전하는 도구가 된 집회였다. 전도 대상자 총 참석 인원은 1,050명, 이 중 결신 인원은 519명, 결신률은 49퍼센트였다.

19. 열 달의 기다림

일시 | 2011년 6월 13일 오후 6시
장소 | 온누리교회 서빙고 본당
대상 | 예비 엄마

생명의 잉태한 임신 기간에는 절제하고 숭고한 삶을 살려고 한다. 태어날 아이를 축복하는 이 기간은 자식에 대한 부모의 사랑을 하나님의 사랑과 연결할 수 있는 좋은 기회이다. 또한 아이의 건강, 출산 과정에 대한 걱정과 산후 우울증에 대한 염려를 복음으로 위로할 수 있는 시간이다. 산모가 아기를 열 달 동안 정성과 사랑으로 기다리듯이 하나님도 우리를 기다리고 계심을 깨달을 수 있는 시간이다. 집회의 타이틀을 '열 달의 기다림'으로 정했다. 창조주 하나님, 예수님의 십자가 사랑을 알게 되면 태어날 아기에게 진정한 사랑을 줄 수 있으며 그 영원한 사랑에 힘입어 아기를 소중히 여겨야 한다는 메시지를 전했다. 전도 대상자 총 참석 인원은 235명, 이 중 결신 인원은 49명, 결신률은 21퍼센트였다. 함께 모인 전도 대상자들은 하나님이 주신 아기를 위해 늘 감사하며 '기도'로 준비할 것을 다짐했다.

20. 3시의 만찬

일시 | 2011년 10월 24일 오후 3시
장소 | 온누리교회 서빙고 본당
대상 | 외식산업 종사자

"누군가에게는 삶의 허기짐을 채워 주고, 누군가에게는 위로를, 누군가에게는 추억이 되어 주는 당신이 있어 참 고맙습니다. 다른 사람들을 위해 희생하고 섬긴 당신을 예수님과 함께하는 위대한 식탁으로 초대합니다"라는 초대글로 외식산업인을 초대했다. 외식산업인들의 직업 특성을 고려해서 점심 식사와 저녁 식사 중간 시간인 오후 3시에 집회를 시작했다. 3시 만찬, 4시부터 특별한 공연을 준비했다. 집회에서는 스페셜 영상에 나온 외식업체 사장님 인터뷰를 통해 외식업체에서 일어난 특별한 에피소드 및 업체의 경영 스토리가 공개되었다. 전도 대상자 총 참석 인원은 365명, 이 중 결신 인원은 97명, 결신률은 27퍼센트였다. 후속 프로그램으로 이 집회 참석자들은 11월 7일 오후 3시 '오진권의 맛있는 성공' 특강에 초대되어 참석했다.

21. 엘로우리본 (Yellow Ribbon)

일시 | 2012년 12월 21일 오후 6시 30분
장소 | 온누리교회 서빙고 본당
대상 | 이민 1.5세, 유학생, 이민자 등 외국 생활 후 한국으로 온 사람

부모를 따라, 유학을 위해, 그리고 직장 때문에 해외로 떠났던 사람들

중 그곳에서 뜨겁게 하나님을 만난 사람이 많다. 하지만 돌아온 한국의 교회는 그곳에서 경험했던 가족 같은 교회와는 달랐다. 해외에서 교회를 다녔지만, 한국에 돌아와 오히려 교회와 멀어진 길 잃은 양들이 많았다. 오늘도 노란 리본을 품고 그들이 돌아오기를 애타게 기다리시는 하나님을 전하기 위해 집회 이름을 '옐로우리본'으로 정했다. 이날 드레스코드는 집회 이름처럼 노란색이었다. 이날 전도 대상자 총 참석 인원은 370명, 이 중 결신 인원은 92명, 결신률은 25퍼센트였다. 집회 참석자들은 1.5세 공동체 Point5 예배에 초대되었다.

22. 행복드림(Dream)콘서트
일시 | 2013년 6월 3일 오후 6시
장소 | 온누리교회 서빙고 본당
대상 | 65세 이상 부모님

연로하신 부모님들은 기독교로의 개종을 기존 종교에 대한 배반으로 인식하며, 저주와 같은 미신적 두려움에 사로잡혀 계시다. 평생 신념을 가지고 살아온 가치관을 바꿔야 한다는 두려움도 있다. 또한 가족보다 교회를 먼저 돌보는 가족 구성원에 대한 실망감, 주변의 왜곡된 기독교인에 대한 반감으로 부모님을 전도하는 것이 어렵다. 교회에서 부모님 전도의 장을 열고 함께 기도하며 전도를 주저해 온 자녀들에게 용기를 주었다. 그동안 자녀로서 부모님에게 감사의 마음을 충분히 표현하지 못했던 자녀들이 부모님에게 감사의 마음을 표현하며 전도집회에 초대했다. 전도 대상자 총 참석 인원은 425명 중 결신 인원은 318명, 결신률은 75퍼센트였다. 후속 프로그램으로 '가족과 함께 떠나는 기차 여행'이 진행되었다.

23. 커플Look

일시 | 2013년 11월 25일 오후 7시 30분
장소 | 온누리교회 서빙고 본당
대상 | 결혼 1년차 신혼부부

결혼 1년 이내에 이혼하는 커플이 증가하고 있다. 이 시기에는 서로의 습관, 성격, 삶의 방식, 우선순위, 주변 관계를 대하는 방법, 갈등을 해결하는 방법, 가정 문화, 성장 과정, 소비 습관 등의 차이를 조율하는 것이 필요하다. 이 시기에 복음을 받아들이고 복음 안에서 삶을 해석하면 부부가 평생을 함께 걸어갈 수 있다. 신혼부부 초대 집회를 계획하고, 이름을 '커플 LOOK'이라고 정했다. 연인들이 비슷한 색과 디자인으로 맞춰 입는 옷을 뜻하는 커플룩에 '바라보다, 찾다'의 의미를 지닌 'LOOK'을 넣어 중의적 의미를 담은 '커플 LOOK'이라는 이름이 탄생했다. '서로'를 바라보며 삶의 이유와 행복을 찾은 이들에게, 아이를 낳고 세월에 휩쓸려 가기 전에 부부가 '함께' 바라보아야 할 소망과 방향을 제시했다. 전도 대상자 총 참석 인원은 432명, 이 중 결신 인원은 355명으로, 결신률은 82퍼센트였다. 후속 프로그램으로 문화예술공연 '당신만을 사랑해'를 함께 관람했다.

24. 비긴어게인 (Begin Again)

일시 | 2015년 12월 21일 오후 7시
장소 | 온누리교회 서빙고 본당
대상 | 40-50대 남편

40-50대 남성 가장들은 가장 무거운 책임을 지고 사회를 이끌어가는 세대이다. 그래서 때로는 우울하고, 힘겹고, 도망가고 싶으며, 자살률 또한 가장 높다. 이들에게 다시 시작할 수 있는 용기를 주기 위해 집회 이름을 '비긴어게인'으로 정했다. 삶의 무게에 지친 40-50대 남성 가장들이 모든 짐을 하나님 아버지께 맡기고 다시 시작할 수 있도록 용기를 주고자 했다. 주님 안에는 새로운 시작이 있고 지금까지 살아온 인생을 뛰어넘는, 예상하지 못한, 상상할 수 없는 축복의 인생이 기다리고 있음을 전했다. 전도 대상자 총 참석 인원은 231명, 결신 인원은 196명, 결신률은 85퍼센트였다. 후속 프로그램으로 '하나님의 가정 훈련 학교'를 진행했다.

25. 버킷리스트

일시 | 2016년 11월 28일 오후 7시
장소 | 온누리교회 서빙고 본당
대상 | 50대 동기동창

50대는 진정한 친구 관계를 갈망했다. SNS 활동을 통해서도 옛 동기동창을 찾는 세대였다. 허물없는 친구로서 서로를 격려해 주고 위로해 주며 인생과 죽음에 대한 진중한 고민을 나누기를 원했다. 50대 남성들은 이미

퇴직을 했거나 퇴직 준비를 했고, 여성들은 갱년기를 맞이하여 정신적·신체적 변화에 민감하며 내조, 자녀, 시부모, 빚 등의 굴레로 인해 심한 피로감과 외로움을 느끼는 세대였다. 그래서 취미 생활을 즐기고 여행을 다니고 싶어 하며 버킷리스트를 만들어서 실천하려 한다는 것에 착안하여 집회 이름을 '버킷리스트'로 정했다. 학창 시절 향수를 불러일으키는 문화적 요소를 프로그램에 적용했다. 예수를 만나는 것을 인생 버킷리스트 1번으로 삼으면 그 예수가 진정한 친구가 되어 줄 것이라는 메시지를 통해 용기와 도전을 주는 집회였다. 전도 대상자 총 참석 인원은 231명, 그중 결신 인원은 196명, 결신률은 85퍼센트였다.

26. 두 번째 스무 살

일시 | 2017년 11월 20일 오후 6시
장소 | 온누리교회 서빙고 본당
대상 | 40대 남성 여성

40대 문화가 바뀌고 있었다. 40대들은 자신들이 아저씨, 아줌마가 아니며 트렌드의 중심에 있다고 생각했다. 기혼자의 8퍼센트가 자녀가 없고 미혼자 비율도 12퍼센트에 달했다. 가족만큼이나 동호회 관계를 중요하게 생각했다. 결혼이나 출산을 필수로 여겼던 과거와 달리 두 가지 모두 선택 가능한 것으로 보기 시작했다. 결혼도 출산도 하지 않아도 된다고 생각하는 사람이 늘어났다. 이런 그들에게 주님 안에서 다시 풋풋했던 20대 시절로 돌아갈 수 있는 '두 번째 스무 살'의 기회가 주어졌다. '두 번째 스무 살' 전도집회는 40대의 속마음을 펼쳐놓고 함께 대화하는 자리였다. 40대가 주로 참석하여 솔직한 삶의 고민을 나누면서 하나님을 체험한 간증을 나누었다. 그들의 솔직한 고백이 40대들의 공감을 불러일으켰다. 이재훈 위임목사는 치유와 회복을 위한 메시지를 전했다. 전도 대상자 총 참석 인원은 204명, 그중 결신 인원은 152명, 결신률은 75퍼센트였다. 사후 관리로 세례 교육과 세례식을 진행했다.

27. 드림어게인 (Dream Again)

일시 | 2018년 10월 9일 오전 10시-오후 4시
장소 | 온누리교회 양재 화평홀
대상 | 하나원 여성 동창생

남한에 온 탈북민들은 하나원에서 생활하며 교회에서 첫 예배를 드리고 주님을 만난다. 하나원에서의 교육을 마치고 남한 사회로 발을 디디면 탈북민들은 경제적 빈곤을 겪으며 문화적·언어적 차별의 벽에 부딪혀 좌절에 빠진다. 하나원에서 뜨겁게 만났던 하나님의 존재에 대해 회의를 느끼며 신앙생활에서 멀어지는 사람이 많다. 그래서 그들이 처음 경험했던 예배의 기억을 되살리고 다시 일어설 꿈을 꿀 수 있도록 도와주기 위해 '드림어게인' 하나원 동창생 만남의 잔치를 기획했다. 집회는 1부 '기억-다시 하나원 속으로', 2부 '위로-다시 꾸는 꿈', 3부 '동행-다시 주님 앞으로' 이렇게 총 3부로 주제를 나누어 진행하였다. 이들에게 다시 주님의 은혜를 기억하고, 그분의 위로를 받아 잃어버린 꿈을 다시 꾸며, 주님과 동행하는 승리의 삶을 살 것을 권면했다. 이 집회에 총 70명의 여성 탈북민이 참석했다. 이후 조별 리유니언 모임이 시작되었다.

28. 허그(Hug) 콘서트

일시 | 2019년 11월 26일 오후 6시
장소 | 노보텔 앰배서더 호텔
대상 | 스포츠인

스포츠인들은 때로는 영웅시되고 영광을 받지만, 계속된 훈련과 성과에 대한 스트레스로 많이 지쳐 있다. 국민들은 경기 결과로만 그들을 기억하기에 개인적인 상처가 많이 있다. 실패와 실수, 한계에 부딪히는 것과 불확실한 미래에 대한 두려움이 크다. 상처받은 스포츠 선수들을 주님의 조건 없는 사랑으로 안아 준다는 의미로 집회 타이틀을 '허그'로 정했다. '허그 콘서트'에 기독 선수들이 비기독교인 동료들을 초청해 복음을 전했다. 기독 선수들과 그들이 초청한 동료 선수들이 한자리에 모였다. 축구, 탁구, 스키, 핸드볼, 야구 등 종목도 다양했다. 승리와 패배를 매개로 복음을 제시하는 메시지가 선포되었다. 참석자들은 선물로 마련된 '허그' 로고 캡모자에 서로의 사인을 주고받으며 격려하는 시간을 가졌다. 전도 대상자 총 참석 인원은 182명, 이 중 결신 인원은 69명, 결신률은 38퍼센트였다.

29. 아빠 캠핑 가자

일시 | 2022년 10월 2-3일
장소 | 강원도 홍천군 왕터리조트
대상 | 초등 4-6학년 자녀의 불신 아빠

춘천 카라반 캠핑장에서 1박 2일 '아빠 캠핑 가자' 행사를 진행했다. 가정 내 믿지 않는 아버지들을 초청해 교회에 대한 이미지를 쇄신하고 하나님의 사랑을 전했다. 복음을 직접 전하기보다는 가족 간 대화의 장을 마련해서 아버지들의 마음을 열고 교회에 대한 인식을 바꾸는 것에 초점을 두고 세부 프로그램을 기획했다. 캠핑장에 도착한 가족들은 홍천강 보트 탑승 체험, 산책, 레크리에이션, CCM 가수 공연과 함께 노래 부르기 등을 즐겼다. 이 캠프에서는 전도본부 맞춤전도기획팀원들의 초등학생 자녀들이 자원봉사자로 섬겨 참석한 가족들의 찬사를 받았다. 이 캠프에는 아빠를 전도하고자 하는 92명 23가정이 참석했다. 후속 프로그램으로 영화관을 대관해서 캠프에 참석했던 가정이 다시 함께 모여 영화 감상 시간을 가졌고, 신청자에 한해 '아버지학교'로 연결했다.

30. 전지적 작가 시점 'The Story'

일시 | 2022년 11월 23일 오후 6시 30분
장소 | 63빌딩 4층 라벤더홀
대상 | 방송작가

작가들은 원고 마감 시간과 시청률에 쫓기며, 고용 불안으로 미래에 대한 불안감을 가지고 있다. 비판 의식이 무척 강하며, 자존심을 건드리면 아주 심하게 저항한다. 오랜 시간 혼자 작업을 하는 직업 특성상 개인주의 성향이 강하다. 하지만 작가는 펜을 통해 창조 질서와 진리를 전하는 따뜻하고 아름다운 미디어를 만들어 가는 힘이 있어 이들에게 복음을 전하는 것이 중요하고 시급했다. 방송작가신우회 회원들을 중심으로 '당신 인생의 기획 의도를 알려드립니다'를 주제로 '전지적 작가 시점 The Story' 집회가 기획되었다. 예수님이야말로 우리 인생의 전지적 시점을 가진 작가이시며, 그 하나님을 믿고 하나님 나라와 영원한 생명을 얻도록 하자는 메시지가 전해졌다. 이 집회를 통해 미디어 문화 시대에 방송작가의 역할의 중요성과 소명감을 다시 고취시켰다. 전도 대상자 작가가 60명 참석했고, 이들 중 49명이 결신했다. 82퍼센트의 결신률이었다. 집회에 참석한 작가들에게 방송작가신우회 참석을 독려했다.

31. 비긴어게인 (Begin Again)

일시 | 2023년 7월 15일
장소 | 튀르키예 이스탄불 NLS시리아난민교회
대상 | 2023년 초 발생한 튀르키예 지진 피해 난민

2023년 2월, 시리아 국경과 가까운 튀르키예 남동부에서 규모 7.8의 강진이 일어나 지진 피해 난민들이 발생하였다. 온누리교회의 협력 교회인 이스탄불 NLS시리아난민교회가 이들을 대상으로 전도집회를 진행했다. 이들 지진 피해 난민들은 연초 NLS교회가 지진 구호로 도움을 주었던 바로 그들이었다. 이 전도집회는 온누리교회 전도본부, SWIM, NLS교회 리더십이 화상회의를 통하여 전도집회의 세밀한 부분까지 함께 의논하였다. 목숨 걸고 시리아에서 탈출한 이야기, 한국전쟁의 폐허 속에서 일어난 이야기 등의 간증 영상을 통해 참석자들은 자신들도 전쟁의 상처를 딛고 열심히 살아갈 각오를 다지는 모습도 보였다. 다섯 가정이 성경책을 가져갔고 이날 예수를 처음 영접한 아이들도 있었다. 통상 지진 구호는 구호품 전달로 그치는 경우가 많은데 NLS교회는 지진 구호와 전도를 연결시켜 기독교 구호가 전도에까지 이를 수 있음을 보여 주었다. 지진 피해 난민 95명이 참석했다.

32. 라비 (LaVie · 인생)

일시 | 2023년 10월 23일 오후 7시
장소 | JCC아트센터 콘서트홀
대상 | 예술을 좋아하는 사람

한국 경제의 발전으로 문화생활을 영위하려는 욕구가 높아져 문화를 통한 전도집회를 구상하게 되었다. '라비' 큐레이션 집회는 전도하기 어려운 요즘 문화와 전도를 접목해 복음을 간접적으로 전달한다는 취지의 행사였다. 예술을 사랑하는 사람과 친구를 전도하고자 하는 사람들이 집회 티켓을 직접 구입했다. 이 큐레이션에는 '라비'라는 주제에 맞게 예술가들이 작품을 통해 표현한 인생의 희로애락을 감상하면서 우리의 인생을 돌아보는 시간을 마련하였다. 명화와 음악이 복음을 싣는 도구가 된 집회였다. 총 149명이 참석하였다.

33. 인생네컷

일시 | 2024년 5월 13일 오후 6시 30분
장소 | 온누리교회 서빙고 본당
대상 | 어린 시절 부모님과 함께 신앙생활을 하다가 교회를 떠난 20-30대 자녀

대학입시, 대학생활, 군복무, 취업 준비 등의 시기를 거치며 어린 시절 신앙생활을 하던 자녀들이 교회를 떠나고 있다. 그들 대부분은 교회를 거부한 것이 아니지만 단순히 교회를 꾸준히 다닐 수 있는 생활 패턴을 잃어버리고, 신앙이 자신의 삶에 그렇게 중요하다고 생각하지 않게 된 것으로 파악되었다. 그리고 교회를 떠났다가 다시 돌아온 젊은 기독교인들은 자신들이 다시 교회로 돌아온 가장 공통적인 이유를 가족의 격려(37퍼센트)라고 했다. 그래서 이런 자녀들에게 다시 신앙생활을 시작할 계기를 마련해 주고자 부모와 자녀 데이트 전도집회 '인생네컷'을 기획했다. 즉석 사진 찍기 '인생네컷'은 MZ세대에게는 대세와 열풍을 넘어 하나의 놀이 문화로 자리매김했다. 그들은 친구나 애인을 만나면 꼭 '인생네컷'을 찍는다. 거리감을 느껴 온 교회에서 부모님과 찍는 '인생네컷' 사진은 그들의 인생에 가장 소중한 순간이 될 것임을 소망하며 집회 이름을 정했다. 유튜버 박위 형제가 휠체어를 타고 무대에 올라와 시련 가운데서도 함께해 주시고 사랑해 주시는 하나님을 간증했고, 그의 약혼녀 송지은 씨가 깜짝 출연하여 2030세대를 응원했다. 초대받은 자녀 320명 중 204명이 결신하여 64퍼

센의 결신률을 보였다. 107명이 대학 청년부 방문을 신청하였고 본인에게
가장 적합한 공동체에서 신앙생활을 이어가게 되었다.

성육신은 하나님의 맞춤 계시일 뿐만 아니라 교회의 모든 사역의 모델이자 원리이다. 특히 전도 사역에 있어서는 성육신적인 맞춤의 태도가 없이는 효과적인 열매를 거둘 수 없다. 효과적이고 역동적인 전도는 복음을 전하는 이들이 얼마나 복음을 듣는 대상자들에게 성육신적으로 섬기는가에 달려 있다.

성육신적인 전도자는 단순히 말로써 복음을 전하는 변증가로만이 아니라, 하나님이 복음을 듣는 이들의 모든 필요에 대하여 응답하시는 분임을 다양한 채널을 통하여 보여 준다. 종(servant)의 마음으로 섬기고, 또한 변화를 일으키는 촉매제(catalyst)로써 성육신하신 그리스도의 마음과 사랑을 전한다. 성육신은 단지 신학적인 교리가 아니라 우리의 삶과 사역의 모델이다. 교회는 세상을 향해 '우리에게 다가오라'고 명령하는 태도가 아니라 그들에게 성육신적인 태도로 나아가야 한다.

교회의 복음 전도는 예수님이 보여 주신 모범을 따라야 한다. "아버지께서 나를 보내신 것같이 나도 너희를 보내노라"(요 20:21)고 말씀하신 대로, 예수님은 세상 속에 성육신하셔서 사람들의 삶과 그들이 받는 고통 속에 참여하셨다. 교회는 세상 속에서 복음을 의심하는 자들의 의심과 질문하는 사람들의 질문과 길을 잃고 방황하는 사람들의 마음속으로 성육신적인 태도로 들어가야만 전도의 열매를 맺을 수 있다.

따라서 복음 전도에 있어서는 어느 한 가지 방법만 효과적이라고 주장할 수 없다. 하나님은 다양한 방법으로 전도의 문을 여시기 때문이다. 하나님은 지역 교회와 성도들의 다양한 은사와 개성과 배경을 사용하셔서서 역사하신다. 바울은 "하나님이 전도할 문을 우리에게 열어 주사 그리스도의 비밀을 말하게 하시기를 구하라"(골 4:3)고 말씀한다. 이런 기도를 권면한 것은 하나님이 전도의 문을 열어 주실 때만 그리스도의 비밀을 전하는 것이 효과가 있다는 것을 체험적으로 깨달았기 때문이다. 교회는 하나님이 전도의 문을 열어 주시기를 기도하면서 동시에 그 문이 열렸을 때 어떻게 그리스도의 비밀을 전할 것인지 준비해야 한다.

맞춤전도는 하나님의 능력을 의지하면서 우리에게 주어진 자원과 지혜를 최대한 활용하여 전도 대상자에게 그리스도의 비밀을 어떻게 전할 것인가를 연구하는 가운데 도출된 것이다. 맞춤전도는 전도 기술과 전략에 대한 문제가 아니라 전도의 본질 회복과 전달자 중심의 전도 방법에 대한 문제제기로부터 시작되었다. 맞춤전도는 단지 변화하는 시대의 흐름에 편승한 방법이 아니라 예수님과 사도 바울 그리고 사도들이 보여 주었던 전도의 모델을 현대문화에 맞게 적용한 성경적인 전도 철학이다. 예수님의 성육신적 사역은 어느 시대이건 적용될 수 있는 모델이기 때문이다. 또한 기존 전도방법론들이 간과한 대상자 중심의 맞춤화에 초점을 두어 보완한 모델이다.

맞춤전도의 이론적 정립과 온누리교회를 통한 실천을 통해 깨달은 중요한 교훈은 교회가 성육신적으로 전도하려고 할 때는 전도 대상에 대한 깊은 이해와 공감 그리고 대상자에 따른 맞춤화를 통해서만 가능하다는 것이다. 이러한 맞춤화 시도들은 타 문화권 선교학에서는 상황화 신학 등으로 다양한 이론과 실제가 발전되어 왔으나 전도학 분야에서는 이러한 시도들이 접목되지 못했었다. 전도학과 선교학은 각기 울타리를 쌓고 서로 내용을 통용할 수 없는 영역이 되어서는 안 된다. 복음을 전하는 일을 연구하는 두 영역의 학문은 서로의 울타리를 허물고 서로의 영역에서 연구된 결과들을 서로 받아들임으로써 복음전파를 촉진시켜야 한다. 온누리교회의 맞춤전도 사역은 '선교적 상황화' 이론을 '대상자 중심의 맞춤화'로 전도학에 접목시킨 개척자적인 시도이기에 선교학과 전도학 양쪽 분야에서 바라볼 때는 어설픈 시도일 수 있다. 하지만 앞으로 이러한 융합적인 시도를 계속함으로써 복음 전파에 더 효과적인 이론과 방법론이 계발될 수 있을 것이라 기대한다.

23년 전 맞춤전도집회를 처음 시행한 이후 지금까지 지속된 이러한 형태의 집회는 시대가 변화할수록 더욱 그 중요성이 대두되고 있다. 현 시대는 개인적 차별화가 극대화된 시대로 사회의 모든 영역이 개별 맞춤화가 되고 있다. 교회가 복음을 전하는 데 있어서도 개개인의 필요와 문제에 차별화된 관심을 가지고 맞춤화된 전략을 사용하지 않으면 안 되는 시대가 되었다.

이 시대에 맞춤화된 전도 전략이 필요한 그룹들이 다양하게 발생하고 있다. 노령화된 시대에 홀로 거주하는 독거 어르신, 이혼 후 혼자 살아가는 돌싱, 홀로 자녀를 양육하는 싱글맘, 탈북자, 이주노동자, 마약 중독자 등이 그들이다. 방황하기 쉬운 이들을 향한 적극적 전도 사역이 요구되고 있다. 각 교회의 목회적 상황에 따라 각 영역의 필요 그룹을 선정하여 맞춤전도집회를 시행할 수 있기를 기대한다.

예수님의 성육신 모델에 기초하여 전도의 주관자가 되시는 성령님이 주시는 지혜를 의지하여 전도 대상자들을 더욱 깊이 이해하려고 노력하고 그들에게 적합한 메시지와 프로그램을 시행할 때 이전보다 더 많은 전도의 열매가 맺히리라 확신한다.

참고문헌

국문 도서

두란노 편집,《두란노 목회자료 큰 백과: 전도와 선교전략, 29》(서울: 두란노, 1996).

_____.《두란노 목회자료 큰 백과: 전도와 선교전략, 18》(서울: 두란노, 1996).

목회와신학 편집,《전도방법론 철저분석》(서울: 두란노, 1992).

한국선교신학회,《한국 교회 전도의 새로운 방향》(서울: 대한기독교서회, 2023).

한국기독교목회자협의회,《한국기독교 분석리포트 : 2023 한국인의 종교생활과 의식조사》(서울: 대한기독교서회, 2023).

홍성철,《전도학 개론》(파주: 세복, 2019).

번역 도서

노먼 가이슬러, 데이비드 가이슬러, 김문수 · 정미아 역,《마음을 여는 전도대화》(서울: 순출판사, 2011).

딘 플레밍, 변진석 역,《신약성경의 상황화》(서울: 한국해외선교회출판부, 2022).

레베카 피펏, 김성녀 역,《빛으로 소금으로》(서울: IVP, 2004).

_____. 이철민 역,《좋아서 하는 전도》(서울: IVP, 2022).

레슬리 뉴비긴, 홍병룡 역,《다원주의 사회에서의 복음》(서울: IVP, 2007).

레이튼 포드, 이숙희 역,《커뮤니케이션 전도》(서울: 죠이선교회, 2003).

로버트 콜먼, 홍성철 역,《주님의 전도 계획》(서울: 생명의말씀사, 2007).

리 스트로벨 · 마크 미텔버그, 홍병룡 역,《다음세대를 위한 관계전도법》(서울: 포이에마, 2016).

_____. 홍병룡 역,《전도 그 뜻밖의 모험》(서울: 포이에마, 2010).

마이클 프로스트·앨런 허쉬, 김선일 역,《모험으로 나서는 믿음》(서울: SFC 출판부, 2015).

마크 데버, 김귀탁 역,《복음과 개인전도》(서울: 부흥과개혁사, 2009).

마크 드리스콜, 김희정 역,《전도혁명 선교개혁》(서울: 부흥과개혁사, 2011).

모나 D. 후커, 양지우 역,《복음의 시작》(서울: 비아, 2020).

성 어거스틴, 선한용 역,《고백록》(서울: 대한기독교서회, 2005).

셔우드 링엔펠터·마빈 킨 메이어스, 왕태종 역,《문화적 갈등과 사역》(서울: 죠이선교회, 2005).

아타나시우스, 오현미 역,《말씀의 성육신에 관하여》(서울: 죠이북스, 2021).

알리스터 맥그래스. 홍종락 역,《포스트모던시대, 어떻게 예수를 들려줄 것인가》(서울: 두란노, 2020).

앤드류 잭슨, 이석춘 역,《우리가 바로 복음이다》(서울: 예수전도단, 1995).

어윈 라파엘 맥머너스, 김형원 역,《멈출 수 없는 하나님의 운동력》(서울: 국제제자훈련원, 2003).

엘빈 레이드, 임채남 역,《복음주의 전도학》(서울: 기독교문서선교회, 2018).

윌리엄 페이·린다 에반스 셰퍼드, 전의우 역,《두려움 없이 전하라》(서울: 국제제자훈련원, 2006).

장 칼뱅, 원강연 역,《기독교강요 I: 1559년 최종판》(서울: CH북스, 2015).

_____.《기독교강요 II: 1559년 최종판》(서울: CH북스, 2015).

제람 바스, 한국라브리번역위원회 역,《현대문화 속의 전도》(서울: 예영커뮤니케이션, 1995).

제임스 K. A. 스미스, 설요한 역,《누가 포스트모더니즘을 두려워하는가?》(파주:

살림, 2009).

제임스 케네디, 김만풍 역,《전도폭발》(서울:생명의말씀사, 1984).

조지 스위팅, 박재환 역,《전도의 비결》(서울:생명의말씀사, 1983).

존 맥아더, 조계광 역,《담대한 복음전도》(서울:생명의말씀사, 2002).

존 스토트, 황영철 · 정옥배 역,《그리스도의 십자가》(서울:IVP, 2007).

_____. 김성녀 역,《존 스토트의 복음전도》(서울:IVP, 2023).

F. F. 브루스, 박문재 역,《바울: 그의 생애와 사역》(서울:CH북스, 2018).

R. 래리 모이어, 정진환 역,《구원과 전도에 관한 오해 21가지》(서울:생명의말씀사, 2006).

학술지

곽상학. "다시 다음 세대! 네 가지 전략에 집중하라." 목회와 신학 405권 (3월 2023): 68-73.

국회미래연구원. "국가 미래 전략." Insight Vol. 22 (7월 2021): 33.

사귐과섬김/국민일보. "기독교에 대한 대국민 이미지 조사보고서." 2022.4.29.

양민아, 박지혁, 원경아. "한국인의 연령별 및 지역별 생활시간 사용과 만족도: 라이프스타일 유형을 중심으로." 한국노년학 40 no.1 (2020): 23-32, 30.

이민구. "청년, 교회에 안 나가는 게 아니라 못 나가고 있다: 성민교회 반광준 박사." 목회와 신학 405권 (3월 2023): 100-103.

정순둘, 성민현. "연령집단별 사회적 자본과 삶의 만족도 관계비교." 보건사회연구 32 (4월 2012): 249-272.

조성돈. "자살에 대한 사회학적 접근과 기독교회의 대응방안: 30 · 40대 남성의 자살을 중점으로." 신학과 실천 31 (2012): 343-362, 349.

한겨레21. "40대 남자 생활만족도 최하." 351호. 2001. 03. 20.

학위 논문

도육환. "선교학 관점으로 본 온누리교회 문화전도 전략에 관한 연구: 동경 러
　　브소나타를 중심으로." Fuller Theological Seminary D.Min. Thesis., 2010.

영문 도서

Bauman, Michael. Hall, David W. and Newman, Robert C.. *Evangelical Apologetics*.
　　Pennsylvania: Christian Publications, 1996.

Bechtle, Mike. *Evangelism for the rest of us: sharing Christ within your personality style*. MI.: Baker
　　Books 2006.

Bosch, David J.. *Witness to the World*. Atlanta: John Knox Press, 1980.

Bowen, John P.. *Evangelism for "Normal" people*. Minneapolis : Augsburg Fortress
　　Publishers, 2002.

Breen, Mike. *Leading Missional Communities*. OH.: 3DM Publishing, 2014.

Finney, John. *Emerging Evangelism*. London: Darton Longman and Tod Ltd, 2004.

Geisler, David and Geisler, Norman. *Conversational Evangelism*. Oregon: Harvest
　　House, 2014.

Hesselgrave, David J. and Rommen, Edward. *Contextualization : Meanings, Methods,
　　and Models*. Grands Rapids, Michigan: Baker, 1898.

Hibert, Paul G.. *The Gospel in Human Contexts: Anthropological Explorations for Contemporary
　　Missions*. Grand Rapids, Michigan: Baker Academic, 2009.

Hunter III, George G.. *How to reach secular people*. TN.: Abingdon Press, 1992.

MacArthur, John. *Evangelism: How to share the Gospel faithfully*. Nashville, TN.: Thomas
    Nelson, Inc. 2011.

Stott, John. *Making Christ Known*. Grand Rapids: William B. Eerdmans, 1997.

Wagner, Peter. *Frontiers in Missionary*. Chicago, IL.: Moody, 1971.

영문 학술지

Battles, Ford Lewis. "God was Accommodating Himself to Human Capacity",
    Interpretation Vol. 31, Issue 1 (1977): 20.

Evangelism and Missions Information. Evangelical Mission Quarterly, 43, No.2
    (April, 2007)

Holmquist, Daniel. "To the Ends of the Earth." *Evangelical Mission Quarterly*, 42, No.4
    (Oct. 2006): 434-439 as

Takamizawa, Eiko. "A KOREAN 'LOVE SONATA' FOR JAPAN" Lausanne Global
    Analysis, Nov. 2021.Vol.10/Issue6, https://lausanne.org/content/lga/2021-
    11/a-korean-love-sonata-for-japan

미주

1   사귐과섬김/국민일보, "기독교에 대한 대국민 이미지 조사보고서", 2022.04.29.

2   한국선교신학회, 《한국 교회 전도의 새로운 방향》(서울: 대한기독교서회, 2023), 145-149. 이 책에서 최동규 교수는 "한국 개신교 전도의 문제점과 대안 모색" 논문을 통해 1998년, 2004년, 2012년, 2017년의 통계자료를 종합적으로 분석하여 문제점을 파악할 수 있는 유의미한 조사 결과를 발표하였다.

3   한국기독교목회자협의회, 《한국기독교 분석 리포트 : 2023 한국인의 종교생활과 의식조사》(서울: 대한기독교서회, 2023), 292-300.

4   기독교 내에서도 다원주의 흐름을 받아들여 전도와 선교라는 단어조차 포기하고 '대화'로 대체하려는 흐름이 있다. WCC 산하 기구인 CWME(세계선교와 복음화 위원회)는 1971년에 '산 신앙인들과의 대화-프로그램'을 통해 타 종교인들을 '산 신앙인들'로 인정하면서 영적 혼합주의를 수용하였다. 또한 '통전적 선교'를 위해 '반개종주의'를 선언하면서 구소련 정교회 지역과 남미 가톨릭 지역에서는 복음주의적 개종선교를 봉쇄하는 선언문을 발표하였다. WCC는 '개종주의'를 동시에 '개종 강요'로도 번역하며, 개종 선교를 "복음증거에 악영향을 주는 행위"로써 정죄하고 있다. 1997년에는 "공동의 증언을 위한 소명: 신뢰 관계의 선교와 개종주의의 중단"을 선언하였다. 이는 전도자의 태도를 문제 삼아 전도의 소명 자체를 포기한 것으로 다원주의 사회에서 여러 종교의 영향력 속에 존재하는 교회의 복음 전도를 사실상 포기한 선언이다.

5   과거 거리에서 "예수 천당, 불신 지옥"이라는 구호만을 계속해서 외치며 전도하던 모습이나, 지하철에서 피곤과 싸우며 출퇴근하는 사람들에게 마치 물건을 팔듯이 외치며 전도하던 모습은 기독교에 대한 부정적인 영향을 끼쳤다.

6   '타당성 구조(Plausibility Structure)'라는 단어는 사회학자 피터 버거(Peter Berger)가 사용한 것으로 사회에서 일반적으로 수용되는 신념과 행위의 유형을 말하며, '세계관'과 거의 같은 의미로 쓰인다. 피터 버거는 《이단의 시대 *the Heretical Imperative*》(문학과지성사

역간) 등의 책을 통해 이 시대는 다원주의의 '타당성 구조'에 따르지 않는 이들을 모두 이단으로 간주하는 시대이며, 현대 문화에서는 기독교인들조차 이단이 되라는 명령에 굴복하고 있다고 말한다. 이러한 지적에 착안하여 레슬리 뉴비긴은 복음을 이 시대의 '타당성 구조'를 통하여 재해석하려는 시도를 비판하면서 복음 그 자체가 새롭고 합당한 '타당성 구조'임을 알리고자 하였다.

7 레슬리 뉴비긴, 홍병룡 옮김, 《다원주의 사회에서의 복음》 (서울: IVP, 2007), 30.

8 고린도전서 1장 23절 말씀처럼, 초대교회 당시 십자가 복음은 유대인에게는 거리끼는 것이었고 헬라인에게는 미련한 것이었다. 그런데 이 시대의 복음은 교인들만 믿는 교리로 제한되어 불신자는 관심을 두지도, 반응하지도 않는 소식이 되었다.

9 David J. Bosch, *Witness to the World* (Atlanta: John Knox Press, 1980), 17-18.

10 레슬리 뉴비긴, 홍병룡 옮김, 《다원주의 사회에서의 복음》 (서울: IVP, 2007), 351-352.

11 빌리 그레이엄(Billy Graham)과 존 스토트(John Stott)의 주도로 1974년 150여 개국의 복음주의 지도자들이 스위스 로잔에서 모여 '세계 복음화 국제대회'를 열고 발표한 선언문으로써, '복음 전도와 사회적 책임'은 분리할 수 없는 복음의 온전한 두 가지 요소임을 강조했다. 이것은 역사적으로도 중요하게 다뤄지는 복음주의 헌장으로, 존 스토트가 직접 작성하였으며 15개 항목이 교회가 어떻게 복음을 온 세상에 전할 것인지에 대해 안내하고 있다.

12 John Stott, *Making Christ Known* (Grand Rapids: William B. Eerdmans, 1997), 39.

13 예수 그리스도 안에서 나타난 하나님 나라와 복음 공동체로서의 정통성.

14 어윈 라파엘 맥머너스, 김형원 옮김, 《멈출 수 없는 하나님의 운동력》 (서울: 국제제자훈련원, 2003), 58.

15 마크 드리스콜, 김희정 옮김, 《전도혁명 선교개혁》 (서울: 부흥과개혁사, 2011), 69.

16 온누리교회에서도 전도폭발 훈련을 시행하며 열매를 거두고 있다.

17 'OTT'란 'Over The Top'의 약어로, TV에 개별화 기능을 넣은 셋톱박스(Set-top Box)보다 더 진보한 개별맞춤방송을 제공하는 온라인플랫폼을 의미한다. 대표적인 유료서비스는 미국의 넷플릭스나 디즈니플러스 등이 있고, 한국에서는 티빙, 웨이브, 쿠팡플레이 등이 있다. 한국 교회의 기독교방송으로는 CGN에서 제공하는 퐁당(pondant)이 유일한 OTT 플랫폼으로 무료서비스로 제공된다.

18 마이클 프로스트·앨런 허쉬, 김선일 옮김, 《모험으로 나서는 믿음》(서울: SFC출판부, 2015), 269.

19 David & Norman Geisler, *Conversational Evangelism* (Oregon: Harvest House, 2014), 19-27.

20 선교학에서 accommodation이라는 단어는 선교사가 현지 문화에 너무 많이 동화되어 버리는 방식으로 복음을 전함으로써 상황화(contextualization)가 지나친 것을 의미하는 것으로 사용된다. 하지만 이 책에서는 칼뱅의 하나님의 맞춤 원리에 근거하여 전도를 위한 긍정적 상황화, 즉 현대적으로 사용되는 맞춤화(customization)에 가까운 의미로 사용하였다. 또 다른 용어로는 adaptation도 가능할 수 있다. 선교학에서 사용되는 의미와 혼동될 위험이 있음에도 불구하고 accommodation이라는 단어를 사용한 것은 customization이 상업적 의미로 많이 사용되고 있기 때문이며, accommodation이 삼위일체 하나님의 구원 사역의 중요한 원리도 포함하고 있기 때문이다.

21 포스트모더니즘은 '절대진리의 부정'이라는 전체적 맥락에서 부정적인 측면이 훨씬 더 많지만, 근대주의가 지향하는 과학적 지식(Scientific Knowledge)에서 탈피하여 서사적 지식(Narrative Knowledge)이 모든 지식의 근거임을 강조하는 성향이 있기에 성경의 메타 서사(Meta-narrative)와 접목될 가능성이 있다는 면에서는 긍정적으로 볼 수 있다. 이러한 주장은 미국 칼빈대학교 철학과 교수인 제임스 K. A. 스미스(James K.A. Smith)의 《누가 포스트모더니즘을 두려워하는가?》(파주: 살림, 2009), 92-121에 잘 나타나 있다.

22 George G. Hunter III, *How to reach secular people* (TN: Abingdon Press, 1992), 101-102.

23 David & Norman Geisler, *Conversational Evangelism*, 28.

24 George G. Hunter III, *How to reach secular people*, 89-91.

25 사도행전 14장 3절에서 바울과 바나바가 이고니온에서 말씀을 담대히 전했을 때 주님이 표적과 기사를 행하는 능력을 베푸셔서 말씀을 확증해 주신 것처럼, 은사가 있어야 복음을 전할 수 있는 것이 아니라 복음을 전하고자 실천할 때 은사로 복음을 확증해 주신다.

26 존 스토트, 김성녀 옮김, 《존 스토트의 복음전도》(서울: IVP, 2023), 92-93.

27 딘 플레밍, 변진석 옮김, 《신약성경의 상황화》(서울: 한국해외선교회출판부, 2022), 24.

28 _____. 24.

29 _____. 358-361.

30 리처드 A. 버릿지는 "The Gospel for all Christians: Rethinking the Gospel Audiences"라는 논문에서 사복음서의 대상에 따른 맞춤 신학을 강력하게 주장하였다.

31 리처드 A. 버릿지, *Four Ministries One Jesus* (Grands Rapids, Michigan : William B. Eerdmans Publishing Company, 2019), Kindle Version, 15-172.

32 모나 D. 후커, 양지우 옮김, 《복음의 시작》(서울: 비아, 2020).

33 _____. 159.

34 딘 플레밍, 변진석 옮김, 《신약성경의 상황화》, 406.

35 _____. 230-233.

36 사도행전 13장 33-35절에서는 시편 2편 7절, 16편 10절, 이사야 55장 3절을 연이어 인용한다.

37 F.F. 브루스, 박문재 옮김, 《바울》(서울: 크리스찬다이제스트, 2018), 261.

38 아레오바고 광장에서 선포된 바울의 설교는 구약을 직접 인용하고 있지 않더

라도 '만유의 창조주 하나님'으로부터 시작하여 '만유를 붙드시는 하나님'을 말하다가 '만유의 심판자이신 하나님'으로 끝냄으로써 성경적 세계관에 입각하여 이야기한다.

39 "바울이 아레오바고 가운데 서서 말하되 아덴 사람들아 너희를 보니 범사에 종교심이 많도다 내가 두루 다니며 너희가 위하는 것들을 보다가 알지 못하는 신에게라고 새긴 단도 보았으니 그런즉 너희가 알지 못하고 위하는 그것을 내가 너희에게 알게 하리라"(행 17:22-23).

40 레베카 피펏, 이철민 옮김,《좋아서 하는 전도》(서울: IVP, 2022), 241-242.

41 딘 플레밍, 변진석 옮김,《신약성경의 상황화》, 205-206.

42 _____. 154-161.

43 존 스토트, 황영철·정옥배 옮김,《그리스도의 십자가》(서울: IVP, 2007), 315.

44 존 스토트, 김성녀 옮김,《존 스토트의 복음전도》, 45.

45 John P. Bowen, *Evangelism for "Normal" people* (Minneapolis : Augsburg Fortress Publishers, 2002), 138.

46 Peter Wagner, *Frontiers in Missionary* (Chicago, IL: Moody, 1971), 134.

47 하나님은 천사들이 명령을 수행해야 할 필요가 없으심에도 그들을 사용하셔서 명령을 수행하게 하신다. 이는 맞춤의 원리로 하나님이 천사들을 사용하셔서 우리의 연약한 역량에 맞추시고 우리를 사랑하시고 보호하신다는 것을 더 친밀히 보여주시기 위함이다. 또한 성경에서 우연으로 보이는 사건들이 나오지만 우연은 없고 모든 것은 하나님의 비밀 계획 아래 있는 것이다. 인간의 생각은 한계가 있어서 하나님이 목적을 가지고 명령하신 것을 우연으로 보게 되는 것에 맞추어 주신 것이다.

48 Ford Lewis Battles, "God was Accommodating Himself to Human Capacity", *Interpretation* Vol. 31, Issue1 (1977): 20.

49 장 칼뱅,《기독교 강요-1559년 최종판, 중》(서울: CH북스, 2015), 476.

50 아타나시우스, 오현미 옮김,《말씀의 성육신에 관하여》(서울: 죠이북스, 2021), 51.

51 어거스틴, 선한용 옮김,《고백록》(서울: 대한기독교서회, 2005), 388.

52 장 칼뱅,《기독교 강요-1559년 최종판, 중》, 222.

53 하나님은 사람을 창조하신 것을 한탄하셨고 (창 6:6), 사울을 왕으로 삼으신 것을 후회하셨다 (삼상 15:11).

54 장 칼뱅,《기독교 강요-1559년 최종판, 상》(서울: CH북스, 2015), 275-276.

55 "Moses permitted you to divorce your wives because your hearts were hard. But divorce was an innovation, an accommodation to a fallen world. There was no divorce at creation." (마 19:8, The Voice Bible Translation)

56 아타나시우스, 오현미 옮김,《말씀의 성육신에 관하여》, 53.

57 Rick Richardson, *Evangelism Outside the Box* (IL, Downers Grove: IVP, 2000), 66-68.

58 _____. 116-117.

59 누가복음 5장 29절에는 "레위가 예수를 위하여 자기 집에서 큰 잔치를 하니 세리와 다른 사람이 많이 함께 앉아 있는지라"라고 기록한다. 마태는 자신이 만난 예수님을 옛 세리 친구들에게 소개해 주고 싶었다. 그래서 세리와 다른 많은 사람을 자신의 집에 초대하여 잔치를 베풀었다. 마태가 친구를 초대한 잔치는 관계 형성을 기초로 한 최초의 전도집회라고 볼 수 있다.

60 마크 드리스콜은 마스힐교회(Mars Hill Church)를 개척하여 1만 4,000여 명의 회중이 모이는 규모(5개 주, 15개 장소)로 성장하였으나 직원들과 성도들이 그의 학대 혐의가 있는 행동(Alleged abusive behavior)을 공개적으로 비판하면서 결국 사임하게 되었다. 목회자로서의 합당한 성품과 리더십에 있어서 명확하게 부족한 부분이 나타났지만 전도에 있어서 그의 혁신적인 철학과 방법은 주목할 필요가 있다.

61 마이크 브린은 미국 APEX Church의 Teaching Team Lead로서 *Family on Mission*, *Leading Missional Communities* 등의 책을 통해 컨설팅 및 코칭과 티칭을 하고 있다.

62 사도행전 16장 31절에서 "주 예수를 믿으라 그리하면 너와 네 집이 구원을 받으리라"라고 하는데, 여기서 '네 집'이 '오이코스(oikos)'이다. 영어 성경은 'household'라고 번역했다. 오이코스는 우리가 대가족이라고 부르는 것보다도 훨씬 더 넓은 의미이다. 부모, 친구, 이웃, 동료들까지 포함한다. 오이코스는 정규적인 관계를 가지고 있던 사람들로 구성되는 것이다. 일종의 '관계망(relational networks)'인 셈이다. 복음서와 사도행전을 보면 초대교회 때 복음이 이 관계망을 통해 널리 전해졌다는 것을 알 수 있다. 사도행전 10장을 보면 베드로가 고넬료의 '집'에 가서 복음을 전하였고 그로 인해 고넬료와 그의 모든 가족이 구원을 받고 세례를 받았다.

63 Mike Breen, *Leading Missional Communities* (OH: 3DM Publishing, 2014), 901.

64 '상황화(contextualization)'라는 단어는 신학적으로 매우 광범위하게 다양한 목적으로 사용되고 있다. 과거 이에 비슷한 의미들의 단어로서 현지화(indigenization), 적응(adaptation), 토착화(inculturation) 등이 있지만 최근에는 '상황화'로 정착되었다. 어떤 이들은 복음을 타 문화에 전달하는 선교적 목적으로 사용하지만, 어떤 이들은 급변하는 사회와 문화적 상황을 더 중요한 기준으로 하여 문화 토착화의 목적으로 사용한다. 선교학자이자 문화인류학자였던 폴 히버트 박사는 '비평적 상황화(Critical Contextualization)'라는 단어를 통하여 선교적 목적을 위한 복음의 해석학적 활동이어야 함을 강조하였다. 나는 폴 히버트 박사와 같은 맥락에서 '선교적 상황화'라는 단어를 사용하였다. 이는 복음이 구체적인 역사적·문화적 상황 속에서 성육신되는 것을 의미한다.

65 David J. Hesselgrave and Edward Rommen, *Contextualization : Meanings,*

Methods, and Models (Grands Rapids, Michigan: Baker, 1898), 200.

66 _____. 199.

67 Paul G. Hibert, *The Gospel in Human Contexts: Anthropological Explorations for Contemporary Missions* (Grand Rapids, Michigan: Baker Academic, 2009), 26.

68 딘 플레밍, 변진석 옮김,《신약성경의 상황화》, 459.

69 리 스트로벨·마크 미텔버그, 홍병룡 옮김,《다음 세대를 위한 관계 전도법》(서울 : 포이에마, 2016), 248-250.

70 원색적으로 전도 대상자들에게 접근한다고 해서 전도의 효과가 전혀 없다고 말할 수는 없다. "예수 천국, 불신 지옥"이라는 단순한 단어의 외침을 통해서도 하나님이 역사하실 수 있기 때문이다. 그러나 보편적인 현대인의 정서에는 교회가 세상을 이해하려고 하기보다 먼저 정죄부터 한다는 부정적 정서가 내재되어 있기에 이러한 불신자들의 정서를 뛰어넘기 위해서는 더욱 더 섬세하고 배려 있는 노력이 필요하다.

71 2000년에 미국 YFC에서 주최한 청소년전도집회로 워싱턴 D.C.와 LA.에서 2만 명씩 모였다. 전도 사역 연구 차원에서 참석했는데, 청소년 대상으로 맞춤화된 전도집회로 미국에서 이러한 집회를 더는 찾아볼 수 없는 시대가 되었다는 것이 안타깝다.

72 '러브소나타'는 일본에서 시작된 온누리교회의 국가별 맞춤전도집회를 대표하여 일컫는 말이다. 러브소나타란 말은 일본에 한류의 열풍을 일으키게 된 드라마 '겨울연가'가 일본에서 '후유노 소나타'란 이름으로 방영된 것에 착안하여 만든 신조어이다.

73 도육환, "선교학 관점으로 본 온누리교회 문화전도 전략에 관한 연구"(D.Min. Thesis, Fuller Theological Seminary, 2010), 18.

74 Eiko Takamizawa, "A KOREAN 'LOVE SONATA' FOR JAPAN" Lausanne Global

Analysis, Nov. 2021.Vol.10/Issue6, https://lausanne.org/content/lga/2021-11/a-korean-love-sonata-for-japan

75 시모노세키 러브소나타 설교(2014년 5월 15일) 녹취록 요약.

76 휘튼대학(Wheaton College) 교수인 스콧 모로의 "Contextualization Course와 Intercultural Communication Course Notes" 참고.

77 국회미래연구원, "국가미래전략 Insight" Vol. 22, (2021.07) 33.

78 한겨레21, "[커버스토리] 40대 남자 생활만족도 최하" (2001.03.20) 제351호.

79 조성돈, "자살에 대한 사회학적 접근과 기독교회의 대응방안 – 30·40대 남성의 자살을 중점으로 –", 신학과 실천 31 (2012), 343-362, 349.

80 비상구 설교(2001년 12월 17일) 녹취록 요약.

81 정순둘, 성민현, "연령집단별 사회적 자본과 삶의 만족도 관계비교" 보건사회연구, 32(4), (2012), 249-272; 양민아, 박지혁, 원경아, "한국인의 연령별 및 지역별 생활시간 사용과 만족도: 라이프스타일 유형을 중심으로", 한국노년학 40, no.1 (2020), 23-32, 30에서 재인용.

82 알리스터 맥그래스, 홍종락 옮김,《포스트모던 시대, 어떻게 예수를 들려줄 것인가?》(서울: 두란노, 2020), 46.

83 온누리신문, 2013년 6월 9일자.

84 행복드림 설교(2013년 6월 3일) 녹취록 요약.

85 박효진 교수, "의사들에게도 빈번한 '번아웃(Burn out) 증후군", Dailymedi, 2020.02.02.

86 박민욱, "과로사 이면에는… '의사들 스트레스 수준 높아'", 메디파나뉴스, 2019.02.08.

87 러브터치 설교(2004년 7월 5일) 녹취록 요약.

88 허그 설교(2019년 11월 26일) 녹취록 요약.